KB261286

강남부자의 **땅** 투자법

강남부자의 땅 투자법

김현기 지음

무한

부동산 단기투자 종목이 사라지고 있다. 아파트가 투자종목에서 제외되면서 부동산 투자가 장기종목으로 자리매김 중이다. 경매 역시 장기투자종목 분위기로 가고 있고 아파트 분양권 전매라는 특혜(!)도 사라지는 판국이다.

예나 지금이나 장기투자종목 중 하나인 토지투자 시대가 도래했다. 토지투자는 장기적 투자 성격이 강하면서 역사가 깊은 투자종목이다. 간혹, 단기투자종목으로 인지해 낭패를 보는 경우도 있다. 사기사건도 많아 조심해야 한다. 기획부동산이 그동안 해온 행동거지가 많은 패착과 불신을 낳았다.

그러나 인터넷의 광범위한 활동에 기획부동산은 더 이상 사기칠 수가 없게 되었다. 로드뷰나 내비게이션 등의 첨단이기의 등장으로 사기꾼들이 발을 들여놓을 수 없게 되었기 때문이다. 과거, 봉이 김선달 식의 영업을 타파하는 중이다. 거래가 투명해지면서 토지에 관심 갖는 분들이 급증하고 있다.

아파트 투자자들이 기수를 돌리고 있다. 토지공부에 열중이다. 필자가 강좌하면서 알게 된 아파트 투자자들도 토지로 기수를 돌린 지 오래다. 아파트에 희망이 없단다. 아파트는 결국 100% 실수요 목적으로 존재감을 알린다는 것이다. 왜 사람들이 토지에 관심을 기울이는지 알 만한 사람들은 다 안다.

국가원수의 의지를 읽기 바란다. 참여정부 때와 다른 부동산 정책, 여기서 틈을 찾고자 한다. 참여정부는 부작용이 많았다. 정책도 정책이지만 세제 강화를 함으로써 많은 이들을 시름에 떨게 만들었다. 그러한 가운데서도 강남의 아파트는 평균적으로 2배 상승, 부동산으로 인한 빈익빈부익부 현상은 극에 달하였다.

지금의 국가원수는 달라도 많이 다르다. 세제의 일시 일반세율 적용 및 초광역개발권 개발을 해안은 물론, 내륙에까지 이르게 하는 강력한 정책이 사람들을 토지쪽으로 방향 선회하게 만들고 있다. 더욱이 전체 토지거래허가구역 중 35%를 해방시켜 일반투자자들도 토지에 목을 내밀 수 있는 상황이다.

토지투자는 아파트와 달리, 소액으로도 가능해 젊은층들도 많은 관심을 보이고 있다. 필자의 강연회 때 절반이 젊은층이다. 과거 40~50대 주부들이 대부분을 차지하던 것과 비교하면 많이 달라진 풍경 중의 하나다.

개인적으로 열 번째 책을 내는데, 이번 책의 제목은 간결하면서도 화끈하다. 불과, 10년 만에 사람들로부터 외면당하던 내 땅이 2011년을 넘은 지금에 이르러서 각광을 받고 있는 모습을 보고, 땅에 열정 쏟기를 잘했다는 생각이 든다.

내가 알고 있는 모든 노하우와 그에 따른 주의사항을 고스란히 담았다. 꼭 알아야 할 공법도 열거하였고, 각 지역 개발예정지도 기록해 놓았다. 유용하게 활용하였으면 한다.

바야흐로 부동산 장기투자 시대면서 실수요 위주의 시대다. 토지는 모든 부동산 재료이자 원료이다. 재료이기 때문에 투자 목적 겸 실수요 목적으로 사용될 수 있지만 개미분들에게 실수요까지는 무리이다. 토지 매입가도 버거운데 개발비용까지 생각을 못하니 말이다.

그래서 전원주택이 부자들의 전유물이 되는 것이다. 토지 장기투자에 관심 있는 개미분들은 '투자' 에 집중해서 공부하되, 차후 실수요까지도 염두에 두고 움직이면 좋을 것이다. 우선은 경제적인 부담 여부를 생각하지 않을 수 없으니 투자에 전념하시길 바란다.

모쪼록 많은 분들에게 가치있는 책이 되었으면 한다.

—김현기

Contents

PART2

제1장 먼저 알아두기

1. 땅 투자 전에 알아야 할 사항

제2장 알짜배기 노하우

1. 좋은 부동산의 요건은 안전성이다

2. 부동산의 변수는 가격 폭을 넓게 만든다

3. 토지의 특징은 큰 잠재력이다

제3장 주의사항

1. 부동산은 지혜로운 자의 전유물

2. 땅 급하게 매도하지 마라

3. 아파트 대신 땅으로 몰리는 이유

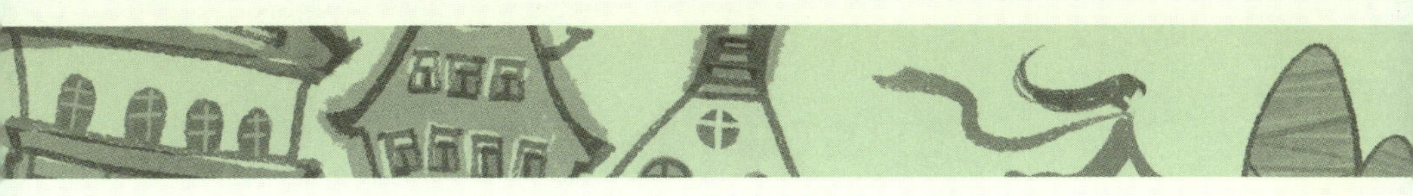

4. 멀티플레이어형 토지가 마력적이다

부록—공법 및 용어 정리

강남부자 따라잡기

강남부자는 지금 무엇을 준비하는가

부동산 불경기에 아랑곳하지 않고 강남부자들의 발걸음은 여느 때와 다름없이 가볍다. 특히 신흥부자를 꿈꾸는 사람들이 강남부자들에게 접근해 노하우 전수를 부탁하는 통에 발길이 더욱 바쁘다. 아파트가 신통치 않자 많은 투자자들이 토지 혹은 도시형생활주택으로 이동하고 있다. 비교적 소액인 1억 미만으로 투자를 하려면 도시형생활주택보다는 토지로 발을 들여놓으라고 강남부자들은 하수들과 개미들에게 조언한다.

그러나 강남부자 본인들은 두 마리 토끼를 다 잡으려고 한다. 도시형생활주택인 소형 오피스텔과 원룸에 투자한다. 트리플역세권에 있는 고소득 임대수익을 찾는다. 도시형생활주택이 난무해 공급과잉이 일어날 수 있기 때문에 초역세권을 우선적으로 선별해 돈을 묻는다. 자금력으로 안전성을 확보하려는 것이다.

토지 역시 초역세권이 될 만한 곳을 선점하려고 노력한다. 여주~성남 간 역이 생기는 곳엔 부자들의 관심이 뜨겁다. 여주와 이천 그리고 경기도 광주에는 신흥부자를 꿈꾸는 사람과 강남부자들이 공존한다.

이천시 부발역이 생기는 곳엔 투자자들의 발걸음이 바쁘다. 강남부자들은 고급정보가 가장 빨리 들어오기 때문에 신흥부자를 꿈꾸는 사람은 그들의 손을 한시도 놓지 않으려 든다. 부발역이 트리플역세권으로 개발된다는 소식을 강남부자들은 안다. 충주와 문경을 관통하는 철길과 평택 등지를 밟고 지나갈 철길, 서울 강남과의 연결 등 연속성 있는 개발사항에 대해 자세히 알고 있다. 대략적으로 알고 있는 개미들과 깊이부터 다르다.

강남부자들에게 접근하는 신흥재벌을 꿈꾸는 자의 수가 급증하는 지금, 역으로 강남부자들은 개미들을 상대로 돈을 번다. 자신이 먼저 선점한 물건을 적당한 가격에 개미들에게 파는 것이다.

일부 강남부자들은 여주와 성남 사이에 생길 역세권 개발에 큰 기대를 하고 있다. 지방오지로 몰릴 개미들에게 일부분 자신의 물건을 팔고 땅을 또 매입한다. 상업지가 생길 곳을 선점하는 것이다. 이천 부발역세권의 수용된 땅과 환지 땅도 철저히 구분해 놓는다. 상업지가 들어설 곳을 선점하는 이유는 안전한 미래를 위해서다. 넉넉잡아 2020년까지 마지 노선을 잡아 계산기를 두드리고, 미래를 설계한다. 근처의 하이닉스 반도체와 현대엘리베이터, 인근에 적지 않은 아파트단지를 눈여겨 견지한 결과는 차후에 분명히 나타날 것이다.

강남으로 연결되는 노선인 만큼 강남부자들이 예측하는 부발역의 수

요인구는 최소 5만 이상으로 보고 있다. 역 개통의 특수효과로 인구가 10배 이상 증가한다는 예측이다. 인구에 예민한 강남부자들은 자신이 거주하는 강남지역의 인구유입 속도와 성향을 이미 체험한 터라 예측이 빗나가는 경우는 드물다. 주거인구뿐만 아니라 경제활동인구인 유동인구도 무시하지 않는 것이다.

과거, 아파트 모델하우스 인근에서 서성거리던 강남부자들이 이젠 땅과 역세권 땅으로 몰리는 중이다. 이러한 현상은 이변이 없는 한 당분간 지속될 것이다.

강남부자 VS 강북부자

우리나라 부자는 크게 강남부자와 강북부자로 나뉜다. 전자는 부동산으로 부자가 된 경우가 많고, 후자는 부동산 이외의 요소로 부자가 된 경우가 많다.

강남의 부자들은 기술과 힘을 가지고 있다. 기술은 공법이요, 힘은 권력이다. 전자는 상수요, 후자는 변수(정실주의)이다. 서민의 투자(기술의 활용도)와 부자의 투자(힘 활용도)는 확실히 구별된다.

이종격투기 선수 중 표도르는 힘과 기술을 함께 지닌 신이 내린 파이터다. 힘이 있으면 기술력이 부족하고, 기술력이 뛰어난 대신에 힘(펀치력)이 부족한 게 일반적인데 말이다.

부동산 부자는 이와 다르다. 부자의 힘은 기술력이라 볼 수도 있다. 권력이 있으면 일은 수월해진다.

공법을 잘 안다고 해도 힘이 뒷받침되지 않으면 지름길 대신 먼 길을 선택할 수밖에 없다. 힘으로 기술을 사는 세상이다. 금고열쇠를 찾는 서민의 마음을 부자는 뛰어 넘어선다. 부자는 금고를 들어 올릴 힘이 있는 것이다. 굳이 열쇠가 필요 없다. 좁쌀을 여러 번 굴리느니, 차라리 호박 한 번 제대로 굴릴 심산이다. 그래서 소탐대실할 염려가 적다.

서민의 재테크–공법에 연연한다(투자목적)
부자의 재테크–용도변경이 될 곳 구입(실수요목적)

강남 부자들이 매입하는 땅

강남부자들은 어떤 땅을 사는가. 편의상 강남을 부동산 1번지라고 하지만 현재 강남은 강남 3구, 아니 버블세븐지역으로 치부되고 있다.

부자만 땅 사라는 법은 절대 없다. 서민도 매입전선에 나선다. 스케일이 다를 뿐, 매입전선엔 부자와 개미가 공존한다. 지분형식으로 매입하는 개미들에 비해 강남부자들은 개인등기로 들어가 직접 개발전선을 만든다. 부자와 서민의 차이다. 부자들의 땅 구입은 투자 겸 실수요 목적이 전제조건이지만 서민은 투자목적이 전부이다. 개발비용이 만만치 않기 때문이다. 땅 매입비용도 버거운데 서민이 개발비용이 어디 있겠는가.

강남부자들은 전원주택지를 수소문한다. 31개 경기 지자체와 지역에 들어가 전원주택을 짓는다. 양평과 이천, 광주, 여주, 용인 등지에는 부자를 꿈꾸는 땅 투자 경험이 있는 고수들이 대부분이다.

태안이나 보령등지에선 바다가 보이는 펜션 부지를 잡아 손수 개발한다. 건부지 수위를 잡아 개발을 한다는 면에서 부동산 부자, 특히 강남부자들의 부의 축적은 끝이 없다.

강남의 부자들은 적극적이다. 땅을 사서 개발을 직접 하겠다는 다짐이 강하다. 내 땅이 있는 경기 광주는 지금 전원주택단지와 고급빌라촌이 동시다발적으로 형성되고 있다. 인근 분당 사람들과 강남의 부자들이 집을 짓고 있는 것이다. 낮은 임야를 깎아 짓자니 적잖은 경비가 들어 강남부자들은 호기를 노린다. 300평 이하에서는 분할작업이 힘들기 때문에 평당가가 저렴한 임야(60~70만 원)도 서민 눈엔 그림의 떡이다. 전원주택을 건축하는 데 드는 비용은 줄잡아 5~6억이다. 고급빌라촌 역시 서울과 비교해 큰 차이가 없어 비싼 편이다.

부자들에 의해 수도권 불패신화는 깨지지 않을 것이다. 대부분 지역에 부자들이 지나간 흔적들이 남기 때문이다. 강남부자들의 부동산에 관한 발품범위는 속도와 비례한다.

5,000억 원대 강남부자의 모습

전남 출신의 박 씨(54)는 강남 부동산 재벌로 통한다. 정치인들과 친하게 지내면서 사업적으로 많은 도움을 받는다. 그 덕에 그 누구의 간섭과 제한도 받지 않는다. 박 씨의 말 몇 마디에 의해 강남의 토지분양회사가 요동칠 수도 있다. 돈의 위력이다. 쓸 만한 돈(금력)과 사람(인력)이 많다. 개발정보를 활용해 사람들과 윈-윈 해서 번 돈이 무려 5,000억 원 이상이다.

가난한 농부의 자식으로 태어나 온갖 고생을 다했다. 구두닦이 등 잡다한 일을 하면서 돈 모으기에 전념했다. 성공할 수 있는 방법 중에 박 씨가 택한, 목숨을 걸고 택한 방법은 부동산투자였다.

1995년 지방자치제도가 부활하면서 박 씨는 부동산에, 특히 땅 투자에 올인했다. 가방끈은 길지 않았지만 부동산 공부만은 게을리 하지 않았다. 공인중개사 자격증은 없지만, 공인중개사 과목을 독학하고 현장을 견학하며 실력을 쌓아갔다. 또 부동산 학원, 세미나, 부동산대학원 과정을 수료하면서 강사, 개발업자, CEO와 친분을 많이 쌓아두었다. 준전문가가 된 상태에서 구두닦이 등으로 모은 종잣돈으로 땅 투자전선에 뛰어들었다.

이런 노력의 결과는 금세 나타났다. 전문가들의 조언을 바탕으로 전국의 땅을 노크해 매입에 나선 것이다. 부동산의 이론과 실제가 분명히 생기면서 시작한 땅 투자는 성공률이 아닌 만족률 100%를 자랑하기에 이르렀다.

땅을 살 때는 팔 때를 생각했다. 차기 매수예정자 물색도 여유 시간을 갖고 천천히 알아보았다. 그 결과, 환금성이 수월했다. 박 씨는 땅 매도계획까지 세우는 치밀함을 보였다.

강원도 평창에서부터 시작한 땅 투자는 1995년 당시 평당 1,000원에 잡은 것으로 시작되었다. 그는 아직까지 소액투자를 선호한다.

박 씨는 부동산 성공노하우로 '사람과 성공파트너를 잘 만나는 것이다' 라고 말한다. 사회저명인사 등 식견이 있고 힘이 있는 사람들을 잘 선별해 개발정보를 경청한다. 핵심을 파악하고 활용한다.

지름길을 제대로 아는 박 씨는 서두르지 않는 대신 정확한 개발정보에 신경 쓴다. 알짜 정보를 자신이 직접 활용하고, 그 외의 것들은 개미들에게 판다. 돈을 땅에만 투자하는 게 아니라 힘 있는 사람에게도 과감히 아낌없이 투자한다. 이게 그만의 성공비결이다.

박 씨는 사회저명인사들을 만나면서 본인도 저명인사가 되고자 노력했다. 부동산 세계에서 재력가로 명성이 높아지면서 지방의 모 신문사 대표이사와 가요기획사 대표를 맡기도 했다. 현재 부동산으로 번 돈이 5,000억 원이 넘는다고 하지만, 그의 목표는 1조 원이다. 다른 사람의 눈치 따위는 안 보고 앞만 향해 뛰는 박 씨는 목표를 이루는 데 별문제 없을 것으로 보인다. 지금까지 부동산 투자에 실패 경험이 한 번도 없고, 그의 뒷모습을 그림자처럼 따라다니며 봐주는 '파워맨' 이 있기 때문이다. 철저한 자기관리, 물 샐 틈 없는 고객과 사람 관리는 1조 원 달성도 시간문제로 만들 것이다.

박 씨가 큰돈을 벌 수 있었던 지역은 수도권을 비롯한 충청권이었다. 용인, 여주, 이천, 서산, 당진, 평택에 투자해 거금을 쥘 수 있었다. 자신의 성공한 부동산 투자를 바탕으로 회사를 설립하면서 재산은 산더미처럼 쌓여만 갔다. 박 씨는 오지를 개척지로 변모시키는 재주도 가지고 있다.

예를 들어 새만금으로 유명한 부안의 경우를 보면, 박 씨가 제일 먼저 노크하면서 부안이 투자자들의 귀와 눈을 움직이게 만들었다. 박 씨의 사업수완이 뛰어나다고 할 수밖에 없는 이유는 겁 없이 오지로 달려드는 결단력 때문이다. 수시로 개척한다. 최고가 되기 위해 최초를 지향하는 정신자세를 본받아야 한다. 남이 보기엔 무모해 보이겠지만, 천만에 말씀이다. 그에게 정보를 주는 확실한 정보통이 있기 때문이다.

PART 1

제1장

반드시
돈 되는 땅

수도권 최대 개발이슈와 관심도는 누가 뭐래도 접근성이다. 지네발처럼 널린 전철이 있기에 가능한 것이다. 공사 예정지도 수도권의 힘을 키운다.

수도권의 앞날을 책임질 성남~여주 간 복선전철 공사가 급물살을 타고 있다. 구간은 다음과 같다.

판교(신분당)-이매(분당)-삼동-광주-쌍동-곤지암-신둔-이천-부발-능서-여주

수도권(서울+경기도+인천광역시) 가운데 경기도 광주, 여주, 이천, 춘천, 가평, 용인, 파주, 양평의 힘을 꼽고자 한다. 이들 지역의 공통점은 서울과의 관계개선에 있다. 미래가 밝다. 2015년 즈음엔 서울권이라고도 말할 수 있겠다.

왜 역세권 땅인가? 역세권은 부동산과 사람을 연결하는, 분수령 역할을 과감하게 하기에 부족함이 없어 접근도를 높일 수 있다. 접근성은 가치의 또 다른 표현이다.

필자가 둘러본 이들 지역은 한결같이 주민 편의시설이 잘 되어있었다. 편익시설을 먼 데서, 화려한 데서 찾지 않는다. 개발지 및 예정지의 모습을 보면 전봇대가 항시 있다.

주민 편익을 위한 기반시설과 기초시설의 표증이다. 전봇대의 수가 많고 가로등 수 또한 다양하고 많다. 개발지의 직접적인 흔적이다.

먼저 최소의 비용으로 움직일 것인가, 아니면 무릎서 움직일 것인가를 우선적으로 정한다.

무릎 이하의 상황–광주, 여주, 이천(역세권 예정지)

무릎 상황–춘천, 가평, 용인, 파주, 양평(역 상존 中)

인구 201,420명의 이천의 재정자립도는 50%이다. 하이닉스 반도체 주변의 첨단산업단지 조성사업은 복선전철 공사와 함께 이천시민에게 큰 기대를 안겨주고 있다. 수도권 오지에서 벗어날 절호의 찬스다. 첨단산업단지가 들어설 부발읍 가좌리와 신하리 일대에 변화의 물결이 일렁일 것이다. 조성면적은 40만㎡로, 용도지역이 변경되면 지가상승의 동력은 엄청날 것이다.

자연녹지지역→일반공업지역

이천시청과 이천세무서 인근에(반경 약 1km) 이천역이 생긴다. 지금 한창 공사 중이다. 2008년 사업계획이 이미 확정되었고 개발면적은 64만㎡이다.

　도시지역 내 자연녹지 땅의 모습이다. 야산(임야) 정도의 수위로 평당 200만 원 이상을 호가한다. 시청 등 관공서와의 접근성이 좋다 보니 현장감이 뛰어난 편이다. 믿고 투자할 수 있는 조건이다. 토지답사자들의 반응도가 꽤 높은 편이다. 거래 성사확률이 높으니 하는 말이다. 투자를 못하는 분들은 현장감에 실망해 투자를 못하는 것이 아니다. 투자액이 부족해서 못하는 것이다. 자연녹지가 주거지와 상업지로 바뀔 시, 예상되는 가격은 평당 1,000만 원 이상이다.

부발역세권 땅으로, 역시 도시지역 내 자연녹지이다. 논과 밭이 조화롭게 형성되어 있는 모습이다. 아파트 단지가 보여 역시 현장감이 산다.

부발역은 이천역의 2배 크기로 약 35만 평을 개발한다. 부발역은 이천역과 달리 환승역으로 개발되어 인근 땅값이 300만 원을 호가한다. 아니, 땅을 잡을 수 없을 정도이다. 물건 잡기가 하늘에서 선녀 찾기 식이다. 기존에 물건 잡은 분들의 여유가 대단하다. 자존심을 내세운다. 가격을 가지고 논다. 트리플역세권이 들어서는데 지주들이 땅을 내놓을 리 만무한 것이다.

특정개발진흥지구(33만 5,000평) 내의 땅은 귀하다 보니 땅 잡기가 매우 어렵다. 특정개발진흥지구 내의 밭 모습이다.

특정개발진흥지구 인근의 땅은 평균적으로 평당 150만 원을 호가한다. 대지(건부지)로 환골탈태된 모습이다. 진흥지구에서 벗어난 땅은 비교적 저렴한 편이다. 100만 원 이하에서 흥정이 가능하니 잘 알아보고 매입하면 좋겠다.

이마트 앞의 자연녹지 땅이 현재 평당 200만 원을 호가한다. 주거지나

상업지로 변화되는 건 시간문제다. 얼마 지나지 않아 2,000만 원으로 변한다.

이천이 빠르면 2014년 즈음, 서울과의 접근성이 아주 뛰어나게 될 것이다. 여주~성남 간의 부발역이 환승역이기 때문이다. 경기 이천에서 서울 강남을 가는 데 40~50분 정도 소요되어 경제인구가 이동할 것이다. 종착점보다 우선 개발된다는 사실을 알아야 한다.

이천의 얼굴인 하이닉스 반도체와 현대엘리베이터 인근의 부발역세권의 힘은 강력하다. 이천의 신둔역과 이천역세권의 크기가 그 힘을 가중시킨다. 이에 따라 부발읍 아미리(593번지 일대)의 자연녹지 땅은 가파른 상승세를 타는 중이다. 어느 지역은 평당 500~600만 원 간다.

산촌리의 OB맥주회사 인근의 자연녹지 땅도 상승곡선을 그리고 있다. 도로 옆 논의 모습이다. 대단지 아파트가 보인다. 고정인구가 완전히 자리 잡고 있다는 증거이다.

부발역세권의 특질 –환승역이며 상업지가 많은 면적을 차지할 것이다.

이천역세권(증일동)의 특질 –부발역세권보다 먼저 공사하고 있지만, 부발역과 다르게 준주거지 형성이 많을 것으로 예상된다.

이천은 인근 양평이나 광주와 달리, 전원주택의 수가 아주 적다. 이것은 이천은 실거주자보다 투자자가 훨씬 많은 수를 차지하고 있다는 방증이다. 가수요자가 많은 상황이다. 차후, 실거주자로 자리매김할 것으로 기대된다.

미니신도시(증일동에 15만 평 개발) 인근의 땅이다.

여주

4대강의 메카를 지향하는 여주군은 시를 꿈꾸는 지역이다. 여주엔 여주역과 능서역 역사 2개가 들어선다. 여주를 가보니 부동산업소가 난립 중이다. 거래량은 많지 않지만 개발호재가 많다는 의미이다. 여주역 인근의 부동산업소 수는 상당한 양이다.

여주역에 거는 기대가 크다는 것이다. 여주역 부지 인근의 아파트와 그 주위를 들여다보니 밝은 미래를 점칠 수가 있었다. 역이 개통이 되면 시 승격은 단순한 초읽기에 불과할 것이다.

여주읍 교리다. 인근에 이마트와 하이마트가 상존해 근접도가 뛰어나다. 현장감이 뛰어나다 보니 외지인들이 자주 방문해 땅을 알아본다. 역이 개통되고 나면 용도전환이 이뤄져 또 한 번의 가격폭등이 예상된다. 여주의 잠재력과 미래가 서서히 그려지고 있다. 사진만으로는 서울의 풍경과 다를 바 없다.

대형교회 주위에 택지개발지구가 들어선다. 사진은 오학지구
의 인근 모습이다. 대형아파트가 들어서면 주거 유입인구가 많
아질 것이다.

　　오학리(여주읍) 택지개발지구는 기존 아파트보다 더 큰 아파트가 생기면서 대단위 인구유입이 예상된다. 인근의 남한강 살리기 공사 현장 모습이 보인다. 여주 도시계획도로개설 공사도 진행된다. 오학미니신도시 인근에는 대규모 법조타운도 형성(수원지방경찰청 여주지청 공사)된다. 지금 한창 공사가 진행 중이다.

4대강의 직접적인 수혜지역인 보통1리(대신면)의 모습이다.

물 맑은 양평은 친환경 농업특구 고장을 지향하는 곳이다. 양평의 특질을 보면 인구유입의 수단으로 전원주택을 활용한다. 31개 경기 지자체 중 의외로 재정자립도가 3위다.

축사가 없고(수질보전특별대책), 공업지와 산업단지 찾기가 힘들 정도로 깨끗한 환경을 가진 곳이 양평이다. 웰빙(참살이)지로 최적의 조건을 보유 중이다. 창고가 많고 단층 공장이 많은 옆의 경기 광주와 공기 차이가 크다.

양평 전원주택 매입 시 유의사항

1. 접근도와 접근성을 잘 알아본다. 마을을 이루어 거의 단지형으로 형성된 숲속도 안심할 수 없다. 편의시설, 기반시설이 잘 되어있지 않아 가장 가까운 병원이 차로 1시간 걸린다.

2. 여름철에 전원주택 부지 매입 시, 숲이 우거지니 땅 모양을 가늠하기 힘들다.

3. 과거, 평지와 숲속 토지의 값이 차이가 많았으나, 지금은 숲속의 전원주택지가 더 비싸다. 폭리에 주의한다. 분양가에 쓸데없이 거품이 든 것은 사지 않는다.

단독주택이 급증 중이다. 숲속에 지은 단독주택이 전원주택이다. 양평군민과 부동산 업자의 한결같은 반응은 전원주택이 급증하는 것이 한

눈에 보인다는 것이다. 옥천면 용천리 평균가는 150만 원 선이다.

옥천면 용천리 전원주택(별장)의 모습이다.

멧돼지가 많고 노루가 많이 살고 있다는 것은 자연도감용으로도 손색
이 없다는 방증이다. 산이 없는 단독주택은 전원주택이 아니다. 서울에

상존하고 있는 단독주택은 절대 전원주택이 아니다.

　개울가 옆의 땅의 모습은 입구(부실한 진입로)에선 보지 못할 광경이다. 일단 들어가면 그림 같은 전원주택을 목격한다. 해발 200m 혹은 300m에 길이 나 있다.

　신복리(옥천면)는 신천지다. 평당가는 200만 원 선이다. 인근의 계곡과 숲속의 조화가 보기 좋다. 주택은 계곡과 너무 근접하면 장마로 인해 위험해질 수 있다.

노출 콘크리트주택이 대세이다.

　　양평의 전원주택 수요자는 주로 연예인과 교수 그리고 경제인들이다. 보통 조경이 멋지고 300평씩 분할(개인분할)한다. 산속의 집은 별장용, 전원주택용으로 활용한다.

　　이천보다 양평에 부동산업소가 훨씬 많다. 투자자 겸 실거주자가 다양하게 방문한다는 의미이다.

광주

광주는 옆의 용인과 함께 서울 강변역에서 연계되어 접근성이 뛰어나다. 하남행 완행버스도 많다. 좌석 및 일반 버스가 많이 다녀 직장인과 통학생을 자주 본다. 경제활동인구가 다양하게 움직인다. 수원과 성남(분당신도시)과도 접근성이 뛰어나다. 광주와 용인을 현지답사를 하고 나면 교통수단의 다양화를 느낀다. 승용차 이외에 말이다. 땅과 관련된 도로 때문이다. 국도와 고속도로 그리고 철도(미래상)를 말하는 것이다.

공장과 창고가 많은 광주는 외국인 근로자들이 많고 그 수가 기하급수적으로 증가하고 있다. 안산 버금가는 다문화 식구들이 들어와 있지 않나 여겨질 정도이다.

광주와 여주, 이천의 공통점은 이마트가 들어서 있다는 점이다. 유통물류의 1번지다운 면모를 곳곳에서 발견한다. 팔당상수원에 관한 규제가 완화된다면 타 지역보다 훨씬 투자가치는 클 것이다.

실촌읍(곤지암읍으로 변경) 곤지암리. 쌍용 아파트 주위 땅으로 도시지역 내 자연녹지이다.

호가만 400만 원 이상! 곤지암 나들목과 가깝고 그 인근의 쌍동역(성남~여주 간 복선전철) 부지가 공사에 여념이 없다. 길게 뻗어 있는 교각들의 모습에서(교각 공사 중) 가슴 설레는 투자자의 모습도 함께 볼 수 있다.

호가에 거품이 낀 이유는 앞 사진(39p)에서 보는 것처럼 현장감이 느껴지기 때문이다. 아파트와 도로를 함께 지고, 끼고 있는 상황이 호조건이다. 물건이 동이 나고 있다. 접근성과 환경이 좋다면 물건이 없어 호가는 하늘 높은 줄 모르고 급등세를 탄다.

인근의 밭으로 이러한 곳의 땅값도 천정부지로 상승 중이다. 평당가는 현재 300만 원! 그러나 정확하게는 가격은 지주 마음대로, 일방적으로 정하는 중이라는 표현이 맞을 듯하다. 시시각각으로 변한다. 흥정꾼(매수예정자)이 나타나면 가치의 변동과 별개로 가격은 변한다.

매수 시 주의해야 할 점이 있다. 공장, 창고가 많은 광주는 물류창고의 1번지이다. 공장총량제의 강화로 건물의 용적률과 건폐율의 성적도가 높지 않다는 게 큰 아쉬움이다.

　공장 인근의 밭으로 평당가는 거품 상태를 유지한다. 거품이 낀 이유는 아스팔트도로와 인도 옆 땅이기 때문이다. 공익사업의 대상물은 일단 아니라 위험하지는 않다. 투자할 때는 미리미리 해당 지자체에 들러 토지이용에 관한 상황체크를 꼭 해야 차후에 낭패를 보지 않는다.

　이곳 지주들은 땅을 팔 생각이 없다. 그러나 발품을 많이 판다면 상대적으로 저평가된 인근의 땅은 잡을 수 있다. 60만 원 선으로 거래되는 임야를 물색하는 것도 괜찮다.

　문제는 접근성이다. 전원주택 부지용으로 산지전용이 가능하나, 300평 이하에서 구입은 힘든 상황이다. 그 이하의 분할은 지자체에서 쉽게 허용하지 않는다. 물론 개발의 목적만 가진다면 어떠한 악조건도 극복할 수 있다.

곤지암 나들목에서 500m 떨어진 밭. 2014년, 곤지암 나들목
인근에 쌍동역이 생길 계획이다. 여주역보다 먼저 개통될 예정
이다.

실촌읍 곤지암리 자연녹지의 호가는 정하기 힘든 상황이다. 시시때때
로 변화가 크기 때문이다.

곤지암 나들목을 중심으로 형성된 땅값은 100% 호가 위주이지만, 서
울사람 등 외지의 투자자들의 발길은 끊이지 않는다. 수요에 비해 괜찮
은 조건의 공급처가 부족한 상황이다. 상황이 이렇다 보니, 보전산지도
거래되는 현상도 왕왕 벌어지고 있다.

역사가 꽤 깊은 쌍용아파트 주위의 밭을 안고 있는 임야도 만만치 않은 가격을 형성한다. 역시 지주의 호가로 가격이 매겨지는 현실이다.

역사가 들어설 인근은 중개업소와 주민, 지주의 말이 다 다르다. 삼자 대면이라도 하고 싶을 정도이다. 성남과 하남은 옛 광주다. 광주의 오른팔은 성남, 왼팔은 하남인 셈이다.

오리역(분당 신도시)－곤지암 간 대중교통(버스)이 많고, 서울(잠실)과 곤지암을 오가는 대중교통도 다양하다.

경기 광주와 이천, 여주 부동산의 미래는 공인중개사무소와 컨설팅 업체의 수를 보면 알 수가 있다. 개발이슈가 다양하면 부동산업소도 각양각색의 모습으로 다양하게 손님을 맞을 준비를 할 것이다. 이들 지역의 부동산업소는 일요일에도 문을 열고 있다. 투자예정자 중 직장인을 위한 배려다.

새 시청청사 인근의 계곡 앞 집터. 도로가의 송정동(밀목) 모습이다.

　행정타운로 인근의 밭과 야산이다. 평당 150만 원에 내놓겠다는 지주도 나타나고 있는 상황이다. 현장감이 뛰어난데도 말이다. 분명코 급매물일 것이다. 경매물건보다 구입절차와 위험도 면에서 안전한 급매물을 수소문하는 것도 괜찮은 방법이라 생각한다.

　행정타운로 인근에 있는 개발이 진행 중인 고원(야산수위)이다. 개발 시, 도로점용 허가를 요한다. 점용자는 점용장소를 잘 분석할 줄 알아야 한다.

점용 가능 조건－도시지역 자연녹지지역, 중로1류(폭 20~25m, 보조간선 도로)

행정타운로 인근 송정동 밭 모습이다. 광주시청 인근 땅은 현장감은 뛰어나나 규제가 엄격하다. 매입 전에 규제 수위를 저울질해야 한다.

경기도 광주는 시골이 아니다. 곳곳에 '도시가스 공사 중' 이라는 푯말이 많다.

시골가스＝전형적인 도시화 前의 모습

도시화에는 책임감이 따른다. 연탄보일러나 기름보일러처럼 선택사항이 아니다. 도시화의 힘이다. 마지막으로 경기 광주는 국도변의 접도구역이 자주 나타나니 주의해야 한다.

춘천 – 굴봉산역 역세권

가평역(남이섬)과 굴봉산역 간의 밭 (자연녹지) 모습이다. 굴봉
산역과 가깝다.

　낮은 임야와 도로가 접해 있어 투자가치를 직접적으로 저울질할 수
있다.

　경기도 가평과 강원도 춘천은 서로 문화교류의 역할을 하는데 그 일
선엔 관광이 서 있다. 굳이 경기도와 강원도의 선을 그을 필요가 없을 정
도로 관광에 관한 긴밀한 정보가 원활히 이루어지고 있다. 이 선엔 전철
선의 역할이 크다.

　역의 앞과 뒤는 그 가치 면에서 천양지차이다.

어느 역세권이든 개발을 할 때 앞뒤 모두 개발하는 경우는 없다. 인근의 굴봉산역 도로가의 야산(임야)도 장기적으로 투자가치가 있다. 역 인근에 대학이 들어오고 관광지가 들어설 예정이라는 소문이 무성하다.

섬에도 아파트가 있는 우리나라. 세계 유일무이한 특징이다. 섬 '특별법(자치법, 자주법)' 이 무색하다. 오히려 특별법의 반작용의 힘이 크다. 제주도는 예외지만 남이섬은 아니라 본다.

굴봉산역 반경 1km 내 개울이 보이는 전원지와 밭떼기 전경이다. 야산과 좀 떨어진 전원지가 멀리 보인다.

춘천은 붙어있는 가평의 역할분담을 한다. 전원주택 생활지로서 별장지역으로 인지하면 좋겠다. 투자가치를 위해 이미지 개선, 쇄신이 시급하다.

시세는 아직 저렴한 편이라 투자적기다. 물론, 지주가 부르는 것이 값이기 때문에 정해지지 않은 상황이다. 인근의 라이브 카페 덕에 주로 농사 짓는 고정인구보다 유동인구가 급증 중이다. 많은 수의 농장이 다양한 모습으로 외부인을 반기고 있다. 땅 매입의 목적을 실수요로 하는 사람들이 느는 이유는 농장의 존재 때문이다.

남산면 백양리의 모습이다. 버스 정류장을 끼고 야산을 안고 있는 밭. 인근에 역시 농장이 많다. 야산을 깎아 개발할 계획이다.

'단독주택+도로+야산=밭' 의 모습이다. 인근에 굴봉산역이 있어 입지조건이 좋은 편으로 특히, 농지전용을 통해 집을 짓는다면 접근성이 뛰어난 전원역세권에서 전원생활하는 특혜를 누릴 수 있다.

'농장+전원주택+야산＝논'의 호조건을 보이고 있다.

마을회관(백양 1리) 인근 땅이다. 등산객이 아주 많다. 차로로 걸어다니는 사람들이 많아 위험해 보이기도 한다.

백양리의 특징은 역이 생겼지만 아직 오지에서 벗어나지 못한 상태라는 것이다. 다시 말해, 잠재력이 많아 언제 어느 때라도 발전할 수 있다는 말이다.

　도로가에 등산객(관광을 위한 유도인구=유동인구)이 많이 다니는 고정인구(거주인구)도 무시 못하는 곳이 굴봉산역 주위다. 인근 에덴수영장(가평 에덴교회)에 다니는 인구가 많다. 통나무집에 거주하는 분들이 대부분이다.

　통나무집과 펜션 1번지를 자처하는 곳이 굴봉산역 인근이다. 산악자전거(남산면 일대)도로로 사용하는 도로는 관광인구가 많은 상황이다. 서천리와 백양1, 2리 인근 통나무 마을은 대중교통 이용이 용이하다. 춘천 후평동(택지지구)과도 연계되어 도시와의 접근성이 좋은 도농복합도시를 꿈꿀 수 있을 것이다.

별장 혹은 전원주택 터의 모습이다. 역세권이므로 장기 투자가치도 저울질할 수 있다. 차후엔 도시의 단독주택 모습으로 환골탈태할 것이다. 멀리 굴봉산역세권의 모습이 희미하게 보인다. 초보자도 눈에 확 들어오니 투자가치를 현장에서 읽을 수 있다.

이곳이 투자가치가 있는 이유는 역이 생겼음에도 불구하고, 인구가 아직 관광인구 위주로 형성되었기 때문이다. 차후, 웰빙시대와 고령화시대에 맞물려 거주인구가 많아질 것이다.

역세권이면서 투자가치가 있다는 뜻은, 역세권 주위에 부동산업소 모습이 아직 없다는 것이다. 아직 전형적인 농촌 모습을 유지하고 있지만 잠재력은 보인다. 서울과 연결되는 지역 아닌가. 부동산업소가 많다면 가격거품이 심할 것이고, 지주와도 가격 절충이 힘들 것이다.

굴봉산 역세권의 특징

1. 가격에 비해 가치가 의심된다. 따라서 가격을 잘 조율해 매입할 수 있다.

2. 농촌풍광을 저버리지 않은 상황이다.

3. 대형 개울이 산재해 있어 자연을 직접적으로 느낄 수 있다.

4. 식당 하나 없는 간이역 수준이다. 옛 강경역의 이미지에서 아직 벗어나지 않은 상황이다.

남산면 백양리 461~469일대는 현재 계획관리지역이지만, 학교 보건법에 따른 상대정화구역으로 지정되어 있는 상황이다. 가격 절충이 가능하다. 학교시설과 가까워 근접도를 높일 뿐 아니라 현장이 안정적으로 느껴진다.

상천역세권 전경이다. 주거지 위주의 역세권으로 구도심의 모습에서 벗어나지 못한 상황이나, 관광인구의 수가 무시할 수 없을 정도로 다양하고 많다. 등산객 등 여행객들은 이구동성으로 전원주택을 짓고 싶다는 말들을 한다. 그만큼 자연과 도시(서울)와의 연결이 수월해 보인다는 것이다. 이 상태를 유지한다는 말은 개발의 숙제를 안고 있다는 것으로 해석할 수 있다. 투자 겸 실수요로 움직인다는 관념을 갖자.

상업지는 전무한 상황이라 식당조차 없다. 차후, 지자체에서 대대적인 용도변경을 하면 차츰 편익시설이 들어설 것이다. 들어서기 전에 소액으로 움직이는 자세가 지금 필요하다.

상천역(호명호수역)은 청평면 상천리를 대변한다.

상천역세권의 논 모습이다. 주거지가 잘 형성된 마당의 논이라 가치는
높다.

춘천은 가평이요, 가평은 춘천이다. 붙어있어 서로 공존공영 중이다.

상천역 인근 전원주택지는 평당 40만 원에서부터 거래가 형성 중이다.
허가 받은 상황의 모습이다. 국도와 각양각색의 농로와 연결되어 있어
접근성이 훌륭하다.

전원주택 부지로 제격이다. 외지인들의 발길이 잦은 상황이다. 여행 왔다가 땅에 매료되는 경우가 많다.

기평군 청평면(구 외서면) 상천리 1293일대 주거지.

단독주택 앞의 논 모습이다. 평당 40~50만 원을 부르는 지주를 만났다. 이밖에 흥정꾼이 느는 모습을 보았다. 시세는 호가를 형성할 것으로 보인다.

4m 시멘트차로 옆의 밭 모습이다. 경춘선과 연결된다.

접근성이 뛰어난 다용도 가능한 논이다. 경춘로와 연결이 수월하고 역세권에서 크게 벗어나지 않아 입지상황은 양호한 편이다. 평당 가격이 상승 중이다.

상천역(가평), 굴봉산역(춘천) 인근의 공통점은 다음과 같다.

1. ‘관광역’ ‘전원역’ 이라고 명명하고자 한다. 등산객 유도인구가 많다. 춘천은 산과 강이, 가평은 산(산과 들)과 계곡이 많다.

2. 간이역보다 조금 더 발전되어 있는 모습이다. 가치와 가격 면에서 무릎 위치에서 왔다 갔다 하는 상태이다.

잠재력이 엿보이는 이유는 간이역보다 훨씬 낮기 때문이다. 그리고 도로개설 등 크고 작은 개발계획이 역 주위에 그려진다. 개발청사진을 제시한다. 매입자가 수용하는 범위가 문제요, 과제이다.

경춘선이 간이역보다 더 발전한 이유

경춘선 ≠ 경제인구 운송(이동 수단의 역할)

경춘선＝관광열차 역할(현재는 단순하지만 차후, 복잡다단해질 것이다.)

그래서 더욱 투자가치가 있다.

상천역(경기도 가평군 소재)과 굴봉산역(춘천시) 또한 투자가치가 있다. 현재는 대중교통 수단이 아니지만(경춘선=관광교통수단) 차후, 대중화로 갈 수 있는 잠재력을 지녔다. 단순한 서울과의 연계성만 염두에 두지 않고 지역과 지역 간 선의의 경쟁으로 함께 발전한다. 단독으로는 불가능하다. 한 예로 가평과 접한 춘천의 모습은 우연이 아닌, 필연의 모양새이다.

앞으로 큰 도로가(고속도로)에 아파트촌이 형성될 것이다. 큰 도로가에 단독주택은 짓지 않는다. 아파트는 개인적으로 허가를 할 수 없으나, 단독주택은 개인적으로 인허가를 할 수 있으니 말이다.

31개 경기도 지자체 중 양평과 가평의 넓이가 각기 1위와 2위를 차지하고 있다. 그러나 곧 좁아질 것이다. 주거지와 상업지가 늘어 인구 밀도가 높아질 것이니 말이다.

지금, 비록 강원권이지만 춘천은 경기권인 가평을 압도할 수 있다고 본다. 우선, 인구 면에서 유리하다. 20만 명대를 유지하는 춘천은 한 자릿수에 불과한 가평 인구를 비웃는다.

중요한 것은, 춘천에 고정인구와 주거인구가 증가하고 있다는 점이다. 아파트 미분양이 적고, 토지 투자자들의 꾸준한 증가세가 이를 입증한다. 어찌 보면, 춘천은 가평을 먹여 살린다고 할 수 있다. 경춘선의 목적지가 춘천이고 지나가는 곳이 가평이라는 단순한 논리에서 찾은 표현에 불과하니 오해는 없으시길 바란다.

과거, 모현면은 전원주택지역의 이미지가 강했지만 지금은 택지개발지구로 유명세를 타고 있다. 아파트는 물론, 빌라 등이 크게 산재해 있는 행태이다. 외대 주변엔 원룸과 빌라가 촌을 형성하고 있다. 뛰어난 서울과의 접근성은 다양한 대중교통의 영향력에서 쉽게 목격한다.

반면 접도구역도 자주 나타나니 주의해야 한다. 특히 하천의 다리 인근 땅의 경우, 접도구역에 주의해야 한다.

모현면 외대 인근 지역은 부동산업소가 난립 중이다. 모현택지지구의 영향력+땅, 빌라, 아파트 등 주택 분양+대중교통 활용이 용이하기 때문이다.

비닐하우스와 그 옆의 밭 모습이다. 인근에 아파트와 공장이 있어 인구가 많다. 고정인구와 유동인구가 공존한다.

개발목적이 분명하다면 공장부지 옆의 밭은 허가가 수월한 편이다.
이때 공작물 설치 시 주의해야 한다. 대부분 하천부지 인근의 땅으로 난
공불락의 요새이다.

공장부지의 밭 모습이다. 저 멀리 대단위 아파트가 보인다. 공장과 아
파트의 공존의 의미는 준공업지역(주거기능+경공업기능)을 의미한다.
용도가 다용도라면 발전의 시발점이 되는 것이다.

땅을 살 때는 땅의 모양과 그 주위 여건을 함께 살핀 뒤 구입한다. 잘
못하면 큰코 다친다. 현장을 자주 다니면 눈에 보인다.

모현면 공장 주위 땅의 단점은 거름 냄새 대신 공장의 매연냄새와 제
조공장에서 발생되는 화학약품 냄새가 심해 공기가 좋지 않다는 점이다.
하지만 토질은 옆의 광주보다 양호한 편에 속한다.

땅의 위치는 도로보다 너무 높은 위치에 놓여 있거나 너무 푹 꺼지면

안 좋다. 절토작업이나 성토, 복토작업 등이 까다로워지기 때문이다.

모현면 인근에는 대단위 아파트 단지가 형성되었다. 한국외국어대학교와 공장단지가 모현면의 가치를 대변한다.

용인이 자주 광역시 후보지로 물망에 오르는 이유는 인구가 꾸준히 증가하기 때문이다. 인구 증가의 요인은 분명하다. 주거인구를 흡수하는 다양한 대단위 아파트단지와 각양각색의 공장단지 그리고 수많은 대학이 그를 뒷받침한다. 또 용인시 처인구 모현면(택지지구) 밭(흙) 안에는 씨 대신 '도시가스관 매설지역' 이라는 푯말이 세워져 있다.

평당 50만 원짜리 비닐하우스 앞의 밭 모습이다. 신축공사 현장이 보인다. 아파트도 보여 접근도를 높인다. 지주와 잘 절충하면 파격적인 가격에 땅을 구입할 수 있다.

외대 인근의 밭 모습이다. 평당 100만 원에 거래되고 있다. 아파트가 시원스레 보여 투자자들의 발길을 재촉한다. 대중교통을 이용해 땅 보러 오는 사람도 많이 만났다. 물론, 승용차로도 많이 온다.

모현면 야산은 아직 저평가 수위다. 소액투자자에겐 희망이다. 문제는 분할 여부와 등록전환 여부이다. 시청에 꼭 들러 이용에 관한 영역을 알아본 후 구입해야 한다.

파주 – 문산역과 파주역 역세권

파주는 물이(강 수위) 보이는 춘천, 양평 등과 달리 주말농장이 상대적으로 많다.

특히 파주(문산역)는 상대적으로 아파트가 대단위로 형성되어 있다. 역세권 주위엔 여지없이 아파트가 크게 보인다. 아무리 아파트 애물단지 시대라고는 하지만 말이다.

개발의 과도기를 겪고 있는 경의선 파주는 부분적으로 고정인구보다 관광인구가 많은 편이다. 양평 등과 달리 군사시설이 많기 때문이다. 이러한 이유로 실거주 대세론이 나오고 있는 형국이다. 통일관광지(도라산 등지)로서의 면모도 무시할 수 없다. 곳곳에서 이중성이 목격된다. 중앙선과 경춘선은 간이역 바로 위의 수위를 보이지만, 경의선은 경우가 다르다. 투자보다 실수요 쪽에 관심이 많아 보인다. 무릇 훨씬 위의 수위를 자랑한다.

역세권 상권이 형성되어 상업지 위주로 개발된 상황이다.

예 문산역 종착역(단, 파주역은 제외)

파주 신도시의 위용이 커졌다. 중앙선과 경춘선의 노선은 신도시가 아닌, 미니신도시(택지개발지구) 수준이다.

토지의 모양과 환경은 현장에서 꼭 확인해야 한다. 기형적인 토지가 많은 우리나라에서 땅 구입하기란 쉽지 않다. 상황이 안 좋은 기형적인 토지가 정상적인 토지(장방형)로 변신한다. 이러한 희망을 보고 땅의 모양과 환경조건을 본다.

문산역 인근의 논 모습이다. 시세는 호가이다. 멀리 도로 공사 중의 모습이 보인다.

공사명은 '파주 월롱첨단산업단지 진입로 개설공사(신문산교)' 이다.

공사기간은 2010.6~2012.12.12까지로 공사 후 땅값이 역동할 것으로 보이니, 지금 투자하는 것이 좋다.

경의선이 보이는 논. 아파트와 역이 공존하며 문산역에서 가깝다. 투자와 실수요 겸용으로 제격이다. 하지만 근접도 평가에서 높은 평가를 받고 있기 때문에 지주들이 땅을 잘 안 내놓으려 한다.

시세가 호가인 논의 모습. 공장과 아파트가 보인다. 주거인구와 유동
인구의 조화가 잘 이루어진 곳이다. 여기서 말하는 유동인구란 관광인구
와 공장근로자를 포함한 경제활동인구를 말하는 것이다.

파주 투자 시 주의사항이 있다.

파주역과 문산역의 차이는 극과 극이다. 발전의 정도 차이가 너무 크
다. 번화한 문산역 주위와 달리, 파주역은 한적한 도시의 모습이다. 소액
투자를 거듭 강조한다.

신생 역세권 주변의 특징은 밭과 논 앞에 대형교회와 아파트단지가
당당히 자리를 잡고 있다는 점이다. 건립이 가능하다는 말은 토지의 이
용도가 높다는 뜻이다.

일산신도시와 붙어 있는 파주신도시의 부동산에 관한 연계성을 무
시하지 못한다. 아파트가 군락을 이룬다. 게다가 광역시 후보지인 고양
시가 파주시를 자주 알린다. 물론, 고양시가 일산신도시 범주이지만 말
이다.

대한민국에는 도로의 수가 많아 도로 인근 땅 잡기가 그리 어렵지 않
다. '맹지→비맹지화' 가 지속적으로 이루어지고 있기 때문이다. 도로가
100% 중요한 게 아니다. 주위 환경 여건이 따라야 한다. 그에 따라 도로
의 활용능력이 좌우된다.

　각양각색의 도로가 난무하는 이유는 농지(전답, 과수원)가 20% 가량
을 차지하기 때문이다. 농지가 있다면 농로가 꼭 있게 마련이다. 휴한지,
휴경지에도 농로는 확보되어 있다.

　파주역엔 두원공대(두원공과대학 파주캠퍼스)가 보기 좋게 자리 잡고
있다. 인근 땅은 계획관리지역과 농림지역이 대다수를 차지하고 있다.
　파주읍 봉암리는 주거지와 상업지 형성이 전무한 지경이다. 식당 하
나 없어 불편하다. 땅값은 지주와 직접 거래하는 것이 좋다. 부동산업소
도 전무한 지경이니 말이다. 현지답사 중 필자는 부동산업소를 한 곳 발
견했다.
　사진은 두원공대 인근의 모습이다. 봉암 1리의 건부지 모습이다. 멀리
굴착기가 움직이는 모습이 보인다. 부지런히 작은 개발을 하고 있는 것
이다. '예비근린생활지'의 모습이라는 평이다.

두 역이 서로 붙어 있는 상황이지만 상부상조가 안 되고 있는 상황이다. 그러나 파주역은 의정부와 접근성을 높일 수 있다. 대중교통이 현재 분주히 다니고 있는 상황이라 예상할 수 있다. 수요예측을 접근도에서 찾는 것이다. 이동이 수월하면 수요자는 언제라도 생긴다.

나무집 모습. 두원공대 인근의 밭이다. 아주 평온한 분위기이다.

두원공대 인근 도로가 밭의 모습이다. 파주역에는 아파트가 없다. 구옥이 대부분이다. 전원생활하기에 적격이다.

문산역(문산읍 문산리)→관광지 겸 실거주 위주

파주역 인근→장기 투자처(저평가 상황)

시멘트도로에 붙은 논이다. 멀리 주택 무리가 보인다. 시멘트 도로보다 좀 낮은 게 흠이나 큰 흠은 아니라고 본다. 파주역 인근의 봉암 2리 모습이다.

파주역 인근의 작은 마을이다. 신시가지가 발생되기 전의 모습과 같다. 지자체에서 용도변경을 할 즈음엔 많은 변혁이 이루어진다.

파주역을 유령역이라고, 혹은 간이역이라고 말하는 분도 계시다. 그러나 잠재력은 크다고 본다. 옆의 문산역과의 연계성과 접근성을 무시할 수가 없기 때문이다. 또 소액투자가 가능하다.

파주역의 특징은 인근의 역과 달리 아파트가 전무한 상태란 점이다. 인근 금촌, 월롱역 등과 달리 아파트가 없다. 용도가 변하면 아파트가 생긴다. 그 기대감으로 투자하는 거 아닌가.

역세권 도시형성 유형

파주신도시+역세권(경의선)

양평전원도시+역세권(중앙선)

이천, 여주, 광주+여주와 성남간 전철공사 중

역이 일단 생기면 도시가 형성된다. 주거와 상업시설, 편익시설(근린 생활)물이 생긴다. 신도시 예정지역에만 역이 생기는 건 아니다. 오지에도 역이 들어설 수 있다.

예 중앙선과 경춘선 일부

지역발전과 지역주민(유지 포함해)에 대한 배려이다.

문산역＝상업지＋관광지＋주거지

군사시설지역 대명사의 불명예에서 많이 벗어난 모습이다. 반면, 문산역과 비교해 파주역은 실망이다.

지역주민들의 말을 빌리자면 그 실망 안엔 희망의 빛도 보인단다. 큰 폭으로 저평가된 것은 아니지만 무릎 이하에서도 투자가 가능한 곳이 파주역 인근이다. 곳곳에서 크고 작은 도로건설이 이루어지고 있다.

자전거 인구 급증현상＝자전거 전용도로 개설
등산객 급증현상＝등산로 개설

도로 옆의 또 다른 모양의 '도로'가 생긴다면 부동산의 특징 중에 하나인 연속성을 보이는 것이다. 쉽게 설명한다면, 갑이라는 아파트가 도로형성에 의해 가격이 상승하면 옆의 을이라는 상가나 아파트도 가격이 가치와 별개로 이동한다는 의미이다.

상부상조 관계가 분명한 게 부동산이다. 서로 이용하는 입장이다. 악용이 아니다. 광주는 용인을, 용인은 광주를 용인(容認)한다. 춘천은 가평을, 가평은 춘천을 이용한다. 독불장군은 없는 것이다. 광주, 여주, 이천도 매한가지다. 복선전철 공사로 가일층 발전을 거듭할 것이다. 도자기 마을의 이미지에서 크게 벗어날 기회가 찾아온 것이다. 지금이 투자의 기회라는 말이다. 투자적기라 여겨진다.

거듭 주의해야 할 점이 있다. 경기 광주와 용인의 하천부지 인근 도로변에 접도구역이 자주 보인다. 현지답사 시 주의해야 한다. 경안천을 끼고 있는 지정학상의 특질을 잘 살펴봐야 한다. 상수원보호구역을 눈여겨본다. 낚시 등을 금한다고는 하지만, 낚시 금지사항을 적은 간판 옆의 낚시상회는 무엇을 말하는지 다시 상기하게 만든다. 아파트촌(단지)과 하천은 꼭 붙어있다는 사실을 유념하자.

미세한 개발사항은 토지에 관한 이용도다. 모양과 그 주위환경을 알아봐야 하는 것은 철칙이다. 숲(전체적인 모양)도 중요하지만 나무(부분적인 면)도 아주 중요하다. 토지답사를 많이 하는 이유를 알아야 한다. 마지막으로 정보공개청구(지자체서 민원인에게, 주민에게 개발에 관한 정보를 투명하게 제공할 수 있는 범위)를 하여 잘 활용하라.

좋은 땅을 구하기 힘든 이유

유유상종이 문제이다. 잘생긴 토지는 잘생긴 토지끼리 공존한다. 못생긴 토지는 못생긴 토지끼리 공존공영한다. 간혹, 못생긴 토지들 중 잘생긴 토지가 끼어 있는 경우가 있다. 더부살이, 기생 역할을 하면서 눈에 잘 띄지는 않지만 노력을 기울이면 발견이 수월하다. 그래서 현장에 자주 가라는 것이다. 땅을 많이 밟을수록 발견의 속도는 빠르다. 발품의 양은 매입의 속도와 정비례한다. 이론공부에 치중하다 보면 땅 투자는 꿈에만 머물 것이다.

제2장

반드시
돈 되는 단지

국토의 불균형 발전으로 오지 주민은 서러울 수밖에 없다. 산발적인 개발 같지만 편협된 개발 때문이다. 대한민국 인구가 늘었다곤 하지만, 수도권에 여전히 인구집중현상을 보인다. 개발이 수도권에만 집중되니 오지 주민의 서러움은 당연한 일이다.

열 손가락(251개 지자체) 물어 안 아픈 손가락 없다. 지방자치단체와 지방분권화 덕분에 251개 지자체에 개발계획이 다 있는 상황이다. 그중 알차다 싶은 곳을 수소문하고자 한다. 최소비용으로 나름대로의 최고수익을 맛보려는 노력을 해보자. 투자자금은 내가 결정하는 것이지만, 투자수익은 하늘이 결정하는 것이라 나름대로 최고수익이라고 하는 것이다. 여기서 말하는 최소비용은 5~10만 원이다. 하늘에 고대하는 최고수익은 200~300만 원! 단, 장기간 투자를 생각하자. 그 기간을 10년으로 본다. 잠재력이 많은 곳으로 선택하되, 이곳의 땅을 잡을 때는 3가지 조건을 반드시 갖추어야 한다.

꼭 개발지 인근이어야 하고, 투자기간을 10년으로 보며, 대규모 관리지역 내의 소규모 농림지역(농업진흥구역이 아닌 농업보호구역)이어야 한다. 대규모 관리지역 내에 포함되어 있는 소규모 농림지역은 특히, 농업보호구역의 경우 관리지역으로 변동될 확률이 높다. MB의 대통령 공약에 따라 필자의 땅(경기 광주 도척면 궁평리)도 2009년 7월 농업보호구역(일명, 상대농지)에서 관리지역으로 도약했다.

군이 농림지역을 잡는 이유는 '경제원론을 무시하지 말라'는 취지에서다. 시작은 미약하나 끝은 창대하리라는 기대이다. 농림지역(농업보호구역) 구입 후 10년간 시간을 투자해 관리지역으로 바뀌는 것을 강조하는 이유는 내가 직접 경험해서다. 농림지역 구입 시, 관리지역 내에 포함되어 있는 땅을 구입한다. 구입할 때는 돈을 투자하지만 구입한 이후에는 시간을 투자해야 한다는 걸 명심해야 한다.

개발지 내에 잠재력 있는(대규모 관리지역 내) 농업보호구역을 잡고자 하기 때문에 다음 지역은 미래성이 비교적 뚜렷하다. 농림지역에서 관리지역으로 바뀌는 경우의 수가 많다. 단체장 및 주민들의 소망이니 그런 것이요, 도농복합도시를 원하기 때문이다. 이러한 열망은 5만 원이 200만 원으로 변하는 요소가 될 것이다.

농림지역의 용도변환 확률이 높은 이유는 간단하다. 국토 절반인 농림지역(빠른 속도로 줄고 있는 현황)이 16%대의 도시지역이나 25%대의 관리지역과 크게 대비된다. 농림지역이 줄고 있으니 당연히 관리지역은 늘 수밖에 없다.

춘천 대형 관광단지

서울~춘천 고속도로와 경춘 복선전철 개통으로 관광객 수요를 크게 기대하는 춘천에 민간개발에 의한 대규모 관광단지가 잇따라 조성된다.

시에 따르면 동산면 조양리(무릉도원), 서면 신매리 위도(비티비아일랜드), 동산면 군자리(신액박) 관광단지에 이어 신동면 혈통리에 '한원 춘천 관광단지' 조성사업이 추진된다고 한다. (주)한원개발이 2013년까지 4,700억여 원을 투입, 110여만m² 부지에 숙박시설(단독형, 빌라형, 테라스하우스 등) 160동(856실), 골프장(9홀), 승마장 등 휴양시설을 조성한다.

4개 관광단지 조성사업이 완료되면 객실 수만 3,400여 실에 달해 관광 인프라 구축을 기대할 수 있다. 이들 4개 관광단지 조성사업에 투입될 민간자본(2조 3,000억)에 의한 지역경제 활성화 효과는 기대 이상이다.

횡성 우천산업단지

군은 1,189억을 들여 우천면 상하가리 369번지 일대 75만 8,848m² 부지를 2013년까지 일반산업단지가 조성될 수 있도록 한다고 말한 바 있다. 단지는 영동고속도로 새말 나들목 인접지역으로 수도권과 접근성이 좋다. 횡성군은 수도권 대기업 입주를 수월케 하기 위해 분양가를 50만 원 이하로 정할 것이라고 밝혔다.

아산 테크노밸리

아산시 둔포면 일대에 대규모 산업단지가 조성된다. 경기 평택과 인접해 수도권 기업의 유치가 수월하다.

둔포면 운용리, 석곡리, 염작리, 운교리 일대 298만 3,874m²에 지난해 말 완공된 아산 테크노밸리에 이어 둔포면 석곡리, 염작리, 음봉면 신휴리 일대 120만m²에는 지난해 아산 제2테크노밸리 산업단지가 승인 고시되면서 개발의 첫 관문을 통과하기 시작하였다. 3,004억 원의 사업비가 투입되는 아산 제2테크노밸리는 총140개 업체 입주 효력을 고대한다. 한국산업단지공단이 조성하는 아산 제2테크노밸리는 2011년 5월까지 보상을 마무리한 뒤 2014년까지 개발을 마무리 지을 예정이다. 완공시의 기대수치는 클 것으로 내다보인다. 고용효과는 7,600여 명, 생산유발효과는 1조 8,000억 원으로 예상된다.

서산 종합농업타운

서산시 인지면 산동리, 모월리 일대 11만 5,000m²에 조성 중인 '종합농업타운' 조성사업에 활력이 잔뜩 들어가고 있다. 186억 원의 개발비가 투입돼 2012년 준공 예정이다. 타운 내에는 농업기술센터 이전을 비롯해 농기계 임대은행 등이 들어선다. 서산 농업의 메카로 떠오를 채비를 하고 있다.

당진 우강 송산지구 도시개발

우강 송산지구 9만 2,004m² 규모의 도시개발사업은 우강면 송산리, 합덕읍 운산리 일원에 오는 2012년까지 163억 원의 사업비가 투입, 환지방식으로 개발이 진행된다. 주요 토지이용계획으로 주거용지(4만 5,846m²), 도시개발시설용지(4만 1,434m²), 기타 시설용지(4,724m², 주유소, 종교시설)로 개발된다. 총929명의 인구를 수용할 계획이다.

오송 제2생명과학단지

청원군 강외면 일대에 조성되는 오송 제2생명과학단지에 대한 개발이 본격화되고 있다. 이 단지 개발사항은 충북개발공사와 한국산업단지공단이 7,700억 원의 사업비를 투입, 강외면 정중리 일대에 333만 1,701m² 규모로 조성하는 바이오 복합단지이다.

양평 더 스타팰리스

양동면 고송리에 들어서는 더 스타팰리스 골프클럽에 기대가 크다. 고송리 산143 일대 114만 3,874m²에 조성한다. 1,000억 이상의 예산이 잡힌 상황이다. 18홀 회원제 골프장과 콘도 50실 규모로 2012년 10월 문을 열 예정이다. 더 스타펠리스 골프클럽은 양평 TPC골프클럽에 이어 관내 제2호 골프장으로 양평의 건설경기 활성화에 따른 일자리 창출효과를 노려볼 만하다. 더불어 수도권 골프인구 유입에도 기대를 건다. 그에 따른 지방세수 확보는 보장된다. 양평 지역경제 활성화에 파란불을 밝힐 것으로 전망한다.

평택항 신규 국제여객부두

평택항 신규 국제여객부두 조성사업이 민간투자에서 정부사업으로 바뀌면서 활력을 불어넣고 있다. 올해 말에 착공해, 2014년말 조기 건설할 전망이다. 사업비는 1,860억 원, 3만 톤급 4선석의 접안시설과 1만 299m² 규모의 국제 카페리터미널이 들어선다. 국제여객부두가 추가되면 배후단지 조성사업도 덩달아 가속도가 붙을 전망이다.

이천 대월면과 모가면 산업단지

이천시 대월면, 모가면에 일반산업단지 두 곳이 들어선다. 대월 일반산업단지는 공영개발 방식으로 대월면 초지리 산109-1번지 일대 6만m² 규모로 2012년 3월 준공될 전망이다. 모가 일반산업단지는 민간개발 방식으로 모가면 소고리 590번지 일대에 5만 9,595m² 규모로 2011년 12월 준공 예정이다. 이천시는, 이 두 단지 외에 서이천(장암), 율면(고당), 마장(덕평), 마장(이치) 등 4개 지역 24만m²의 산업단지를 오는 2012년 준공 목표로 사업 추진 중이다.

김포 학운리 일대 산업단지

김포시 양촌면 학운리 일대 63만 6,000m² 규모의 학운 제2산업단지가 올 초 본격 조성, 2012년말까지 마무리될 예정이다. 김포시와 도시개발공사가 공동 시행한다. 1,645억 원의 보상비와 기반조성비 등 2,892억 원(국비 200억, 시비 807억, 기타 1,885억)의 사업조성비가 든다. 학운 제2산업단지 주변에 학운, 양촌, 인천 검단 산업단지가 위치해 있고, 인천공항, 김포공항, 인천항이 인근에 있어 물류 인프라 구축은 자연스럽게 될 것이다. 산업시설용지를 평당 250만 원 선으로 추론 중이다.

이익을 보고자 한다면 기다리자. 10년간 숙성의 시간을 인고의 시간으로 여기자. 개발이 완성된 후 곧바로 빠져 나올 생각으로 들어가겠다면 아예 시작조차 하지 않는 편이 낫다. 수익률이 형편없을 것이다.

내 땅은 잘 기다린 덕에 10년 만에 40배나 올랐다. 5만 원에서 200만 원 이상으로! 앞 내용을 참고로 하여 현명한 선택을 하길 바란다.

PART 2

제1장

먼저
알아두기

1. 땅 투자 전에 알아야 할 사항

자격요건

돈만 갖추어진 상태에서 땅을 산다면, 눈을 감고 횡단보도를 걷는 것과 같다. 실패의 쓴잔을 맛볼 것이다. 땅을 사기 위해선 자격요건이 있다. 그 재료들은 결단력, 책임감, 능력, 사교성, 자신감, 열정 등이다.

결단력–매입과 매도시기, 투자금액과 투자처를 꼼꼼히 정해 차후에 후회 따위는 하지 마라.

책임감–결자해지의 정신으로 매입전선에 뛰어들라. 부화뇌동은 결자해지의 정신이 아니다. 남에게 책임 전가시키겠다는 생각으로 매입전선에 뛰어들지 마라.

능력-얼마든지 개발할 수 있다. 자신의 땅을 이용하고 활용할 수 있는 능력을 말한다. 밥상을 다 차려놓고 젓가락질 못한다면 너무나 억울할 것이다.

사교성-내 땅 옆 필지의 지주와 자주 왕래하여 땅의 활용목적을 공유한다. 서로 토지의 연계성과 인접성, 연결성을 공부하고 이해한다. 토지 사용 승낙을 해줌으로써 쓸데없는 소모전을 안 한다. 더불어 사는 세상이다. 인간이 사회적 동물이라면 땅은 사회적 식물이다.

아파트 살면서 이웃사촌 만들어놓으면 편하듯 땅을 소유하면서 이웃사촌 만들어놓으면 아주 편하다. 내 땅 옆, 혹은 인근의 지주들과 친하게 지내면 좋다.

자신감과 열정은 결단력, 책임감, 능력, 사교성이 갖추어진 상태에서 나올 수 있다.

이런 사람은 절대 땅 사지 마라

땅은 절대 아무나 사면 안 된다. 자격조건이 있다. 우리나라 사람의 70%가량이 땅 한 평 없다고 무리하게 사면 나중에 땅 칠 일 생긴다.

총과 총알이 있는 상태여야 한다. 여기서 말하는 총이란, 땅을 이해할 수 있는 능력, 즉 노하우를 말한다. 그리고 총알은 돈, 즉 여유자금이다.

총에 총알이 든 상태에서 발사, 즉 투자행위가 이루어지는 법이다. 발사 전에 자신에 맞는 표적(목표점)을 만들어놓는다. 목표점이 동떨어져 있으면 목표점에 도달하기 힘들다. 명중률이 낮아져 실패할 가능성이 높아진다. 그렇다면 땅 사면 절대 안 되는 사람은 답이 나온 상태다.

1. 총도 없고 총알도 없는 사람

2. 총만 있고 총알이 없는 사람

3. 총은 없지만 총알은 있는 사람

이러한 3가지 경우 땅 투자 적기가 아니다. 아쉽지만, 다음 기회를 준비하자. 땅은 리스크가 다양한 부동산이니 반드시 총과 총알이 있어야 한다.

땅은 사기 전에 자신감을 가져야 한다. 그 자신감에는 결자해지의 정신이 포함된다. 내가 사고자 하는 땅을 대한민국에서 제일 잘 안다는 자신감이 있을 때 투자하자. 추상적인 개발사항(큰 개발계획)도 중요하지만, 구체적인 개발사항, 즉 토지이용을 알아보는 것이 더 중요하다.

위 1, 2, 3번에 해당되는 분들은 현장답사도 자제하는 게 낫다. 자칫 견물생심하여 빚져서 무리하게 매입할 수도 있다. 순간의 오판으로 평생 근심거리를 안고 살 필요 없지 않은가.

총과 총알 둘 중에 하나라도 충족되지 않으면 현장 안내자도 힘들고 안내받는 사람도 힘들고 무의미하다. 적당한 책임감과 적절한 긴장감, 박진감이 없으니 현장답사가 무의미해지는 것이다.

땅 보는 시선이 강력해지는 재료는 적절한 박진감이다. 현장답사는 여행 삼아 가는 신선놀음이 아니다. 신선한 공기 마시러 간다는 착각은 하지 말자. 여행을 굳이 낯선 자와 할 필요가 없지 않은가. 그 시간에 책과 강연회 등을 통해 공부하고 맡은 바 임무를 충실히 하여 여유자금을 마련하라. 총과 총알이 있는 상태라면 조준점을 잘 조준해 발사(투자, 매입)하면 안전하게 이루어질 것이다.

부동산을 생각할 때면 최고가 아닌, 최초가 되어야 한다. 너도 나도 최고라고 말한다면 누가 믿겠는가. 최고에 관한 강한 내성과 도덕불감증이 팽배해 일대 혼란을 야기할 것이다. 최초, 전대미문, 초유의 현상을 만드는 편이 낫다. 예컨대, 최초로 가격을 싸게 매도하는 행위 등은 거래활성화에 이바지하는 것이다.

최고의 부동산은 존재할 수 없는 것이요, 최초의 부동산은 존재할 수밖에 없다. 전자는 인위적인 요소가 많을 수밖에 없기 때문이요, 후자는 자연발생적인 요소가 크기 때문이다.

투자는 선택의 연속

선택 이후 심판이 뒤따른다. 선택 이후 본인이 100% 책임을 감수해야 한다.

1. 투자 선호지역을 선정한다.

2. 투자금액을 선택한다.(多 · 中 · 少)

3. 기간을 정한다.(장기 · 중기 · 단기)

4. 부동산 책을 읽고, 강연회나 세미나에 참석한다.

5. 업체 선택이 중요하다.
   사람(업체 사장) 선택을 잘해야 한다.

6. 우선순위 선택
   −시세 ＜개발
   −거시적 개발사항 ＜미시적 개발사항 (구체적, 세밀함)
   −큰 도로 ＜작은 도로
   실속파가 되어야 한다.

7. 투자의 우선순위
   1순위−개발(자기 개발)
   2순위−적절한 시세
   3순위−강한 투자철학, 주관(사람을 이용하지 말고, 부동산을
   활용+이용하자)

8. 부동산 투자 시 악용과 선용, 둘 중 하나를 선택하자.
   투자의 내비게이션은 본인이 만든다.

조금 더 상세히 알아보자.

1. 업체와 업자 선정

괜찮은 업체를 만난다면 괜찮은 업자를 만날 수 있는 법. 업자를 판단하는 방법은 괜찮은 물건을 소개시켜 주는지 보면 된다. 따라서 내가 어느 정도 부동산에 대해 알고 있어야 가능하다.

2. 지역에 관한 고민

전국 251개 지자체 중 평소 마음에 끌리는 지역이 있을 수 있다. 단, 그 지역을 깊이 있게 공부해 완전 무장된 상태여야 한다.

3. 면적 결정

전적으로 본인의 경제사이즈에 따라 결정한다. 경제사이즈는 본인만이 잘 안다. 투자액을 무리하게 올려놓는다면 시작부터 불안한 투자가, 아니 투기가 이루어지는 셈이다. 투기도 아무나 하는 게 아니다. 소액투기란 말이 없지 않은가.

묻지 마 투자와 같은 또 다른 경우

1. 술김에 계약서 쓰기

2. 변별력, 판단력 없는 노인이 계약서 쓰기

3. 경쟁심과 자존심 때문에 판단력이 흐려진 상태에서 객기로 계약서 쓰기

외국땅 개척

최고가 되기 위해선 우선 최초가 되어야 한다. 최초란 시작을 의미하는 것이요, 최초(최소)가 최고(최대)를 만든다. 최초의 가장 좋은 특징은 최소이다. 값과 가치가 크지 않아 리스크가 적다. 최초는 최고와 최대를 만드는 기초재료이다.

최초=개척

내가 제일 먼저 선점을 하니 최소의 비용이 든다. 경쟁자가 없기 때문이다. 최초, 최강의 경쟁자는 바로 나인 셈. 나를 이기면 된다. 내가 실행에 옮겨야 최초가 성립된다. 어떤 땅의 주인이 되는 일은 흥미로운 일이 아닐 수 없다. 이러한 마음이 조금도 없다면 최초 개척자가 될 수 없다.

오지에 과감히 뛰어들어라. 위험한 물(최초 중의 최초)에 들어가는 것이지만, 수영 실력이 갖춰진 상황이면 문제없다.

전남 구례나 곡성 등지에 최초의 지주가 되라. 단, 최초에 작은 이슈 정도는 필수항목이다. 우리나라 땅엔 최초가 될 곳이 많다.

최초의 장점 – 가격에 살이 안 찐 순진무구한 자태를 보인다.
최초의 단점 – 개척이 반드시 된다는 보장이 없다.

베트남이나 캄보디아 등 동남아 미지의 세계를 개척하는 한국인이 목격되고 있다. 개척, 최초이다. 역시 가격에 때가 안 묻었다. 현지인이 거품가격이 무슨 뜻인지도 모르는 때에 부동산 부자는 뛰어들어 도전한다.

부동산 투자 전에 체크할 것

부동산 투자가 갈수록 난해해지고 있다. 부동산의 꽃이라고 할 수 있는 아파트가 식상해지면서 큰 딜레마에 빠졌다. 모든 부동산을 실수요 위주로, 아니 100% 실수요로 가자는 정부의 의지에 투자예정자들은 머리가 혼란스러울 것이다. 그러나 동시에 사람들은 엔젠가는 부동산이 효자 노릇을 단단히 해 예전 명성을 되찾을 것이라는 기대감과 희망을 애써 버리지 않고 서서히, 천천히 투자처를 물색 중이다. 갈수록 버거워지는 부동산 투자. 투자하기 전에 체크해야 할 사항은 분명 존재한다.

1. 부동산에 관한 주의사항 알기

부동산에 관한 자신만의 노하우가 없다면 위험하다. 장점(매력) 없는 부동산 없다. 단점(맹점) 없는 부동산도 없다. 부동산의 장점은 각종 개발이다. 개발엔 함정이 숨어있다. 일단, 사람들은 단점엔 손 안 댄다. 단점은 멀리하면 그만이라고 생각한다. 장점에 손댄다. 그러나 장점 안에서 단점 발견을 못해 낭패 보는 것이다. 개발 백지화가 될 수 있는지 주의를 기울여야 한다. 통찰력, 관찰력을 키우는 과정을 겪어야 한다.

2. 공법 알기

건축법 등은 차치하고라도, 지상물과 땅에 관한 건폐율과 용적률을 알아야 한다. 부동산의 성적표를 겉으로 표현한 모양새가 건폐율과 용적률이다. 강북에 비해 강남의 건폐율과 용적률의 성적이 높아 30층 이상의 고층 건물이 강남지역엔 270개가 넘는다. 반면, 강북지역에는 30층 이상의 고층건물은 단 한 개도 존재하지 않는다. 그래서 갈수록 강남북의 차이가 남북한의 경제규모의 차이처럼 심한 것이다. 심각하다.

3. 개발예정지 알아보기

지방자치시대에 걸맞게 전국이 모두 개발예정지역이다. 그러나 개발지역을 많이 안들 무슨 소용이 있을까. 정작, 필요한 지역의 개발사항에 대해 정밀분석을 못한다면 역시 낭패를 면하지 못하는 법이다.

땅 투자=부동산 책으로 공부(1단계)+각종 세미나나 강연회 등에 참석해 경청하기(2단계)+현장답사하기(3단계)+여유자금 확보(투자자금)

투자 시 가져야 할 마음가짐

불경기에도 성공자의 투자방식은 마음가짐부터가 다르다.

1. 줏대 있는 행동을 보인다. 남의 말에 귀 안 기울인다. 귀가 두껍고 입은 무겁다. 발은 가볍고 손은 부지런하다. 누구의 권유와 조언으로 투자를 하게 되었는가? 하는 우문에 현답을 곧바로 준다. 애당초 매수계획을 가졌다면 곧바로 실행에 옮기면 그만이다.

2. 가격보다 개발이슈에 예민하다. 개발이슈에 대한 공부를 제대로 한다. 부동산이 공산품이 아니라는 사실을 이미 알고 있는 상황에서 결정하는 것이다. 부동산의 정찰가가 없는 이유도 알고 있다. 불경기이지만, 부가가치를 별도로 공부한다. 부가가치는 각종 개발계획이라는 사실을 우선 인지한다.

3. 여유 있을 때 투자한다. 투자자금은 여윳돈이다. 남의 돈으로 안 움직인다. 정부의 말과 컨설턴트의 조언은 그저 참고사항 정도로만 여긴다. 그 자들의 말을 따랐다가 패가망신한 경우를 많이 봐 실수를 줄인다.

냉장고를 겨울에 사고, 밍크코트는 여름에 산다는 의식이 있다. 수요자 몰리는 곳은 가지 않는다. 매수를 스스로, 수시로 개척해서 한다. 또한 최초를 최고 · 최대보다 우선순위에 올려놓는다.

"건강검진은 언제 해야 하나요?"

의사에게 하는 대표적 우문이다.

"부동산 투자 언제 해야 하나요?"

이것 역시 대표적 우문!

건강할 때 검진해야 하는 것이다. 병들어 있을 때 검진한다는 것은 무의미하다. 그땐 이미 늦은 것이다.

마찬가지로 부동산 투자 시기도 생활고(병들어 있는 상태)에 시달리고 있는 상황에서 투자하는 것은 위험하다. 투자 시기는 여유가 있을 때이다. 여기에서 여유는 정신적·물질적 여유를 의미한다.

즉, 여윳돈 있을 때이다. 급하면 무리한 대출 투자가 될 수 있다. 병이 이미 들었을 때 건강검진한다는 것은, 정부가 '지금이 투자 시기입니다'라는 캠페인(?)을 할 때 무리수를 두어 투자하는 것이다. 외압과 주위 분위기 때문에 주관 잃고 투자하는 행위는 전형적인 묻지 마 투자 형태다.

4. 조용히 혼자 투자한다. 춘자 엄마가 기획부동산에 가서 강원도 춘천 땅을 덜컥 사니 객기가 생겨 투자하는 주부도 많다. 군중심리에 혹하는 마음은 아주 위험하다.

필자와 근 10년 알고 지내는 김 씨(47)는 서울 신길동에서 식자재 납품업을 하는 주부이다. 이 분은 투자자금, 즉 종잣돈이 있으면서 지금까지 투자를 못하고 관망만 하는 케이스다.

정부와 부동산 전문가들의 말을 귀담아 들은 지 어언 10년. 각종 부동산 세미나 등에 꼭 참석해 충분히 공부해 둔 상태에서 현장답사 또한 지겹도록 다닌 상황이다. 요는, 결단력이다.

우리 주위엔 김 씨와 같은 분이 의외로 많다. 지금처럼 부동산에 관한 미래가 불투명하면 그 수는 기하급수적으로 늘어날 것이다. 투자는 맞벌이 신혼부부가 지금 애를 가져야 하나, 말아야 하나 하는 귀로에 선 것과 같다고 본다. 애 키울 자신이 있다면 당장 움직여라.

실패의 조건

이유를 잘 알면 실패하는 확률을 크게 줄일 수 있다. 부동산의 성공요 건은 많지만, 실패요인은 하나다. 부동산 대신 사람을 맹신하는 것이다. 부동산에 대해 알려면 많은 수고와 노력이 동반되어야만 한다. 실패하는 사람들의 특징은 다음과 같다.

1. 한탕주의. 부동산을 인생역전으로 악용한다. 팔자 고칠 요량으로 움직인다.

2. 남의 돈으로 움직인다. 즉, 대출 받아 무리수 두고 투자하기.

3. 국토해양부와 대통령을 향한 맹신 행위. 믿는 도끼(정부)에 머리 찍힌 자 많다.

4. 묻지 마 구매. 복불복 정신.

5. 준비가 덜 된 상황에서 움직이기. 준비란 여윳돈+부동산 알기. 둘 중 하나만 빠져도 준비가 덜 된 상황이다.

6. 언론 맹신하기. 언론플레이 잘하는 부동산 컨설턴트 맹신하기.

움직이지 않으면 실패는 없다. 실패가 두려워 투자를 못하는 것은 비겁한 행위다. 우선, 실패를 공부하면 된다. 적(실패)을 잘 알면 두려워할 이유가 없는 것이다.

부동산의 실패 재료들은 그다지 많지 않아 다행이다. 기껏해야 부정과 불평 정도이다. 정부에 대한 맹신과 맹종을 주의하고 컨설턴트로부터 사육당하지 않으면 된다.

반대로, 부동산의 성공 재료들은 다양한 편이다. 여윳돈, 지혜, 긍정 등 성공의 재료는 본인이 고민하며 모색하며 창조하면 된다. 성공한다는 것은, 성공의 재료들을 나에게 잘 맞춰 취합하는 과정에서 생기는 우연한 사건이다.

악성 맹지는 피하라

악성 맹지를 사면 안 되는 이유는 뻔하다. 희망적인 맹지는 미래가 보인다. 예측가능하다는 뜻이다. 그러나 절망적인 맹지는 절망만 보인다. 악성 미분양과 같다. 맹지 땅을 사서 낭패를 보지 않으려면 사고자 하는 땅 주위의 건축물을 보거나 건축물이 들어설 계획을 주시하라. 그 건축물의 성능 조사 또한 중요한 작업이다.

희망적인 맹지, 즉 3급 맹지는 미래가 예측 가능한 상태이다. 재활이

가능하다. 의사가 손 댈 수 있다. 지자체와 내가 윈-윈 가능하다는 뜻이다. 사고자 하는 땅 인근에 산업단지가 들어서면 좋다. 각종 편의시설 건립이나 새로운 도로가 들어설 가능성이 열려 있기 때문이다.

하지만 나의 맹지 땅 인근에 아무런 변화의 조짐, 즉 개발계획이 전무하다면 그 땅의 미래가치는 없다. 무조건 싼 맛에 땅 샀다가 낭패 보는 일 없기를 바란다.

맹지천국 대한민국 땅에서 희망적인 맹지를 선별할 수 있는 능력은 괜찮은 돈 만질 수 있는 초석임엔 틀림없다. 희망적인 그린벨트만 고집하는 부동산 고수가 경기 하남시에 거주하고 있다. 지자체에서 그분을 인정할 정도! 재테크는 없는 것을 있는 것으로 만드는 과정이다. 그 분은 그것을 잘 알고 동네에서 땅 부자로 자리를 잡은 것이다.

이런 땅 냄새는 맡지도 마라.

1. 지주가 현금이 급하다며 급매물 운운하는 것. 쇼일 확률이 높다. 차후, 시세가 저렴하지 않은 것으로 드러난다.

2. 임야인 경우 주위가 임야 투성이라면, 악산이거나 등록 전환조차 힘든 임야일 가능성이 높다.

3. 자연이 수려해 유혹의 손길이 미치는 곳은 반드시 토지이용에 관해 해당 지자체 공무원에게 물어라.

4. 경매 토지 중 비싸게 구입할 경우 환금화가 문제될 수 있다. 가치가 있어 경매물건으로 나왔다고 생각했다가 낭패 보는 사람 자주 본다. 급하게 매입하다 보면, 시세와 토지이용에 관한 사항을 등한시할 수 있어 위험해질 수 있다. 경매로 나온 토지를 대출로 잡는 것은 자살행위이다. 급하게 경매물건을 잡는 바람에 현장을 못 보거나 대충 보는 경우도 있어 위험하다.

5. 개발재료(기본적인)를 유난스럽게 비밀에 부치는 지자체가 있다. 그 지역에 굳이 울며 겨자 먹을 필요없으니 투명성이 확보되고 개발을 열망하는 곳에 땅을 사라.

6. 접근성이 떨어진다면 위험하다. 단, 서울 거주자가 전남 땅을 되팔 때 전남 주위 지역부동산에 내놓겠다는 다짐만 정확히 선다면 무관하다.

7. 지적정리가 잘 되어 있어야 하지만 지적도·임야도 경계선이 불확실한 땅은 접근하지 않는 것이 좋다.

8. 지역이장, 공무원과 만나 지역개발, 토지이용에 관한 이야기를 나누기 어렵다면 그 쪽과 인연을 맺지 않는 것이 좋다.

9. 새만금과 같은 국가사업이 진행되어 거품이 지나치게 낀 곳은 피한다. 사업진행 중이니 거품 끼기 전의 가격이 정상적인 가격이다.

10. 중견 여자 탤런트 J씨, S씨가 광고하는 땅은 피한다. 연예인 모델료와 분양가로 인해 거품이 들어있기 때문이다.

11. 지주가 지나치게 과대포장 많이 하는 땅을 피한다. 충격적인 맹점이 존재한다는 사실을 스스로 인정하는 꼴이다. 국토해양부 장관처럼 브리핑하는 업자도 있다. 몇 해 전, 평창 땅 파는 한 업자는 곧 토지거래허가구역으로 묶이니 빨리 투자하라고 거짓말한 사례가 있었다.

12. 아무리 싸다고 해도 접근성이 마음에 안 들면 사지 않는 것이 차후를 위해, 땅과 나의 미래를 위해 현명한 판단이다. 땅은 주인을 잘 만나야 미래가 밝으니 말이다.

13. 기획부동산 땅(3중고)은 무조건 피한다. 살인적인 폭리+불확실한 개발 계획(땅의 미래분석 미약)+떴다방(사무실 이전 자주한다)

사기 안 당하는 법

땅 사기 안 당하는 가장 간단한 방법은, 기획부동산을 안 만나는 것이다. 기획부동산 구별법을 알아야 하는 이유가 여기에 있다.

기획부동산은 '대형떴다방' 이다. 전국적인 지역부동산과 결탁해 사기를 친다. 지역부동산이 개발지 인근의 쓸모없는 땅을 헐값에 잡아 헐값에 기획부동산에 넘긴다. 그 뒤 땅이 미개발지인지 개발지인지 모르는 개미나 문외한을 모집해 살인적인 폭리를 취한 후, 삼십육계 줄행랑을 치는 것이다.

기획부동산 업체를 구분하는 방법은, 정확한 지번을 공개하는지 보면 된다. 정확한 지번을 밝히기를 꺼린다면 십중팔구 기획부동산이다. 기획부동산의 계약서엔 함정도 숨어있으니 주의해야 한다. 계약서상 지번과 등기부등본상 지번이 다른 경우 또한 100% 사기! 미개발지역의 땅을 고객에게 주는 경우이다. 현장답사 시엔 개발지를 보여주고 서류는 미개발지로 등재되어 있는 경우가 의외로 많다. 땅 사기 당하는 사람들은 거의 기획부동산과 인연, 아니 악연을 맺은 경우이다.

과거, 기획부동산에서 땅을 매입한 분들로부터 땅 분석을 해달라는 주문이 간혹 오곤 한다. 모두 묻지 마 투자를 했다. 안타까운 점은 지번 확인을 정확히 하지 않았다는 것!

계약서상의 지번과 등기부등본상의 지번이 다른 경우가 의외로 많다는 사실에 놀라움을 금치 못한다. 땅을 소유하게 되면서 오는 흥분을 감추지 못한 결과라 본다. 경황이 없는 것이다.

계약서상 특약사항을 넣어야 한다. 약정사항이 다르다면 전액 환불을 요구해야 한다. 계약 시에는 항시 확인한다. 앞서 말했지만 토지계약서상 지번과 등기부등본상 지번이 다르다면 영락없는 사기다. 예를 들면 갑이라는 땅을 보여주고 을이라는 땅을 판 것이다. 즉, 현장답사 시에는 자연녹지를 보여주었지만 등기상의 땅은 보전녹지를 주는 격이다. 간혹, 자연녹지와 보전녹지가 함께 들어간 채, 도시계획이라고 적요되어 있는 경우도 있다. 이런 땅은 미래가 불투명해 위험하다. 물론, 보전녹지가 자연녹지에 흡수·합병할 수도 있다. 그러나 그 시기가 언제가 될지는 아무도 모른다. 즉, 확률이 적다는 뜻이다. 자연녹지 땅인 줄 알고 샀더니 나중에 확인해보니 보전녹지였다면 이중의 피해를 입는 경우다. 미개발지를 비싸게 매입했으니 말이다.

또 토지분양광고를 보고 갔는데 정확한 지번을 공개하지 않는다면 의심의 여지가 분명히 있는 것이니 대단한 주의가 필요하다. 만일 지번이 공개된 광고가 있다면 내비게이션에 입력하고 현장에 본인이 직접 다녀오는 것이 가장 좋다. 의심할 시간에 직접 발품을 팔아라.

묻지 마 투자가 위험한 이유는 실패율이 높아서다. 부동산 투자는, 투자의 연속. 그중 시간투자에 집중해야 한다. 시간투자는 부동산 공부 시간과 투자기간(돈 투자)으로 나뉜다. 즉, 묻어놓는 기간을 말함이다. 전자의 투자기간엔 많은 돈이 안 드나, 후자의 경우는 목돈이 들어간다. 전자를 충실히 한 뒤 후자를 해야 한다. 이를 투자자들은 생략한다. 공부에 시간투자 안 한다. 묻지 마 투자자, 시간투자를 애써 줄여준다. 그것을 어떤 분은 지름길이라고 표현한다. 어이가 없다. 지름길로 가더라도 약도를 보아야 하는 거 아닌가. 약도 없이 떠나는 여행길은 영원히, 영영 돌아오지 못할 황천길일 수도 있다.

투자가 이루어지는 조건은 '온전'이다. 그 온전 안에는 믿는 것과 아는 것이 함께 들어 있다. 부동산을 알기만 한다고 해서 투자가 이루어지는 것은 아니다. 믿어야 한다. 믿어야 투자행 완행열차에 승차, 동승(나와 땅의 미래)할 수 있는 법이다. 단, 급행열차는 위험하다(초단기투자).

KTX로 교통이 빨라졌다고 부동산 투자에 관한 환금화가 덩달아 빨라졌다고 확언하는 분도 계시는데 그건 큰 착각이다. 교통과 부동산 투자가 꼭 정비례한다고 할 수 없다. 빨대효과에 의해 피해 보는 지역도 왕왕 나타나니 말이다. 개발 특수효과가 없는 게 아니라 기대치가 생각보다 작다는 것이다. 교통과 부동산 투자가 반비례하는 경우도 무시할 수 없다. 로터리도 로터리 나름이다.

결국, 믿는 것과 아는 것이 합일체가 되었을 때 투자는 자연스럽게 탄생된다. 믿음 없이 투자가 이루어지는 것은 부자연스러운 투자 모양새. 믿는 것과 아는 것이 하나가 되기 위해선 투자자와 매도자 모두의 노력이 필요하다. 이견은 불필요하다. 근시안적 꼼수 따위는 투자를 꺼리게 만드는 악재이다.

현지답사 전에 꼭 알아야 할 점

현지답사는 아무나 하는 게 아니다. 땅만이 가지고 있는 개성을 알고 나서 떠나는 게 원칙이다. 성질을 공부하고 움직이는 것이다. 아파트와 달리, 땅은 얼굴이 없는 상태를 유지한다. 그 상태가 파괴, 혹은 변형되었다면 땅이 아니다. 땅 일생의 종착역이다. 얼굴이 없으니 당연히 표정(현상태)이 없는 것이다. 표정을 알 수가 없기 때문에 땅 투자는 무(無)에서 유(有)를 만드는 작업(노력)이 필요하다. 가만히 있으면 땅도 덩달아 게을러지게 된다.

땅은 사람으로 치면 몸통만 있고 얼굴은 없는 상태이다. 얼굴은 지주들의 의지와 국가 및 지자체 계획에 의해 결정된다.

땅을 정확히 보고자 한다면 지상물을 보던 습관에서 빨리 탈출해야 한다. 아파트만 보는 습관에 젖은 분들은 돈 되는 땅 보기 힘들다. 현장답사를 갈 때에는 내가 사고자 하는 땅만 보면 안 된다. 내가 사고자 하는 땅의 주위 환경과 여건을 분석하는 것이 아주 중요하다.

부동산의 특징을 잘 알아야 현지답사할 때 이해가 빠르다. 땅에 관한 임장활동을 하는 목적은 땅에 관한 미래를 예측하려는 것이다. 현지답사란, 땅을 보러 간다는 뜻이 아니다. 정확한 위치를 알고 그에 따른 분석을 요한다. 준비가 덜 된 상태에서 현지답사를 간다면 위험천만하다. 무엇보다도 이해력이 대단히 중요하다. 땅 주위를 보고 이해가 간다면 매입해도 좋다. 그러나 이해가 가지 않는 상태에서 땅을 산다면 차후, 문제점이 발생할 수 있다. 땅 주인이 되기 위해선 내 땅과 그 주위를 읽을 수 있는 지혜로운 안목이 요구된다.

현지답사의 또 다른 목적은 길(도로) 공부를 위함이다. 길 없는 땅이 많은 우리나라 국토현황상, 좋은 땅을 발견하지 못해 낭패를 보는 일이 참 많다. 고속도로와 국도, 지방도 등의 큰 도로는 삼척동자도 발견하기 쉬우나 숨어있는 길, 즉 미래를 발견하는 작업은 현장공부가 자주 있었을 때만 가능한 일이다.

개발 > 가격

부동산은 '개발+가격'으로 이루어진 재화이다. 부동산을 살 때는 시세(가격)를 알아보는 데에 집중하기보다 개발에 집중하는 편이 훨씬 낫다. 부동산 주인은 절대 손해 보고 물건을 안 내놓기 때문이다. 급매물이나 경매물건도 그 특성이 상실되어가는 추세이다. 고도의 심리전을 편들 소용없다. 매수자가 끝내 가격을 양보하는 경우가 다반사이다. 부동산 주인들은 최대 수익을 보려 하지 손해 따위는 보려 하지 않는다. 시세에 지나치게 예민한 것은 소모전일 뿐이다. 가격흥정은 소모전이다. 갈수록 개발사항은 다양해지나, 가격은 그다지 다양하지 않다. 단순하다. 시가와 호가, 이게 전부다. 복잡다단한 개발사항에 비한다면 가격과 시세는 단순하다.

그렇다면 개발 가능성과 가격 중에 어디에 주안점을 두고 있어야 할까. 가격보다 개발이 훨씬 중요하다. 부동산 주인 입장에서는 기왕지사 많이 남길 요량인 게 인지상정 아닌가. 가격의 양보는 이루어지지 않는다.

땅 사는 사람: 개발 > 가격

땅 못 사는 사람: 개발 < 가격

가격과 품질이 뛰어난 땅이란, 지주의 영향력에 의해 '변화무쌍+유동성+융통성' 있게 변환할 수 있는 땅이다. 품질을 업그레이드시킨 후 가격도 업그레이드시킨다. 가격의 업그레이드는 가격거품이 아닌 합리적인 가격이다. 보기 좋은 가격은 착실한 가격이다. 보기 안 좋은 가격은 거품가격이다.

가격 안에 양심과 도덕이 숨 쉬어야 한다. 터무니없이 책정된 가격에 많은 이들이 몸살을 앓지 않았는가. 거래 없이 형성된 가격은 가격이 아니다. 손 안 대고 코 풀겠다는 의식이 다분히 들어간 것이다.

부동산 가격의 종류

부동산의 가격 형성은 인위적이다. 부동산 주인에 의해 만들어지고, 정부가 가격을 만드는 데에 일등공신을 한다.

부동산 가격의 종류를 정리해보면 다음과 같다.

1. 못생긴 가격 – 개발사항에 비해 가격이 비싼 편. 매도인의 마음이 아주 못생겼다. 즉, 부동산 주인이 도덕적으로 문제가 많은 경우라 볼 수 있겠다.

2. 예쁜 가격 – 개발사항에 비해 아주 저렴하다. 부동산 주인의 마음은 어질다. 덕인(德人)이다.

3. 잔인한 가격—미개발에 살인적인 가격. 기획부동산의 가격과 매일 반이다. 매도인은 덕이 상실된 상태다.

4. 천사표 가격—덕이 많은 부동산 주인에 의해 형성된 어진 가격.

이러한 사람은 부동산의 연계성을 파괴하면서 가격 변화에 미온적인 태도를 보인다. 인근 혹은 옆의 아파트가 급등한들 자신의 아파트는 절대 동산화 안 시킨다는 주의. 상대에 대한 배려심으로 옛 가격을 고수한다. 부동산에서 꼭 필요한 역지사지의 정신이 투철한 경우이다. 개구리(유주택자)가 올챙이 적(무주택 상태) 생각하는 것이다.

보수 성향을 가진 가격 > 진보 성향의 가격
보수 성향을 가진 개발 < 진보 성향의 개발

마치, 맛은 점점 좋아지면서 가격은 예전의 가격을 고수하는 식당주인과 같은 모습이다.

가격과 개발은 반비례해야 한다. 가격과 개발의 정비례 법칙이 난무해 문제다. 일부 건설업자들은 소비자 반응이 좋으면 올인하면서까지 그 종목에 집착한다. 물량 우선의 원칙을 고수한다. 물질의 양이 우선시되니 미분양 아파트와 미입주 아파트가 출현하는 거 아닌가.

저축과 땅 투자

은행이자로 먹고 사는 사람은 별로 없을 거다. 은행에 돈 맡겨놓아 봤자 이자 느는 재미도 하나 없다. 돈 많은 사람들만 VIP 대접해주고 신용 좋은 사람에게 돈 빌려주는 것이 은행이 하는 일이다.

시대가 변했다. 아파트가 이렇게까지 애물단지가 될 줄 알았다면 정부와 대통령이 이러한 지경까지 만들지 않았을 것이다.

저금(예금 행위)＝10원짜리 주화(동전) 1억 개 모으는 작업

10원짜리가 사람들로부터 외면당하고 있다. 길에 누워 있는 10원짜리 동전 줍는 행위를 오히려 창피하게 여기는 세상이다. 저축, 예금 또한 마찬가지다. 안정적이지만 이자의 뜻을 저버리고 있다. 고객들에게 보관료 받는 형태이다.

시대가 많이 변하고 있다. 1년 만에 새로운 건물이 들어선다. 아파트 대신 땅으로, 은행 대신에 땅 투자로 조심스럽게 기수를 돌리기 시작했다. 땅 투자는 100원짜리 동전 1억 개 모으는 행위와 같다.

과거와 다르게 투명도가 높아지고 지방분권화가 진행되면서 땅 투자의 기간이 많이 단축되고 있다. 국가원수의 강력한 정책과 완화책이 큰 영향을 주고 있고 여기에 따라 위정자들의 인기영합, 치적, 업적주의가 땅을 투명하게 만들고 있다. 지금 이 시간에도 위정자의 입은 움직이고 있다. 그 입은 땅을 움직이는 원천이다. 지나친 거품에 희생만 당하지 않는다면 저축보다 안정적이지 않지만 결과적으로 투자수익은 훨씬 낫다.

부동산은 약속이다

부동산 부자들에게는 공통점이 있다. 부동산을 잘 알고, 잘 이해한 상태에서 움직인다는 것이다. 부동산은 약속에 의해 움직인다. 사람들이 불경기에도 부동산을 포기 못하는 이유는 매일매일 반복되는 약속 때문이다.

上下(아버지와 자식, 위정자와 국민) 교류가 빈번한 가운데 부동산 가격은 새롭게 탄생 내지 재탄생한다. 부동산이 오르고, 또 크게 값이 안 떨어지는 이유는 각종 약속 때문이다. 위정자들은 자신이 속한 지역구민들의 마음을 붙잡기 위해, 가려운 데를 긁어주기 위해 부단한 노력을 기울인다. 행동보다 입으로만 하는 경우도 다반사지만, 그럼에도 불구하고 부동산 가격은 걸어간다. 뛰어가는 경우도 있다(가치와 가격은 같지 않다). 그 속도가 문제일 뿐 오른다.

언론에서 아파트 가격이 평당 500만 원 빠졌다는 곳을 한번 가봐라. 언론에서 발표한 내용과 확연한 차이를 보인다. 그곳의 지역부동산 업자와 부동산 주인들은 일제히 거친 일성을 내뱉는다.

"어떤 놈이 500만 원 떨어졌대?"

내 부동산 가격을 깎아내린다는 데에 환영할 사람이 있을까. 부동산은 매일 약속하는 통에 오른다. 아니, 희망과 기대에 부푼 상태를 유지한다.

최소 현상 유지는 한다. 장기 불경기이면서도 포기 못하는 큰 이유이다.

각종 약속=거품 형성!
양파=거품

벗겨봤자, 남는 건 아무것도 없이 냄새만 진동한다. 그런데 그 냄새에도 부동산은 역동 또는 미동한다. 10대 불가사의 중 하나가 아닌가 싶다.

부동산 배드뉴스는 이슈

부동산은 배드뉴스에도 가격이 오르거나 가격이 회복되는 경우가 있다. 마치, 연예인들의 배드뉴스를 보는 듯하다. 한 연예인을 죽이는(인기하락) 건 별로 어렵지 않은 것 같다. 인터넷 악플에 희생당한다. 당사자 연예인은 소송을 불사한다. '이혼한다' 는 배드뉴스는 배드뉴스가 아니다. 시간이 문제일 뿐, 금방 회복한다.

부동산의 배드뉴스가 반드시 배드뉴스가 아닌 이유는 전화위복이 될 가능성이 많기 때문이다. 부동산의 개발약속이 지지부진하거나 백지화 된다 해도 정권이 새로 바뀌면서 위정자의 마음이 바뀌면 말이 달라진다.

부동산의 배드뉴스와 연예인 배드뉴스 모두 사람들로부터 관심거리가 된다. 아마 무관심보다 더 좋다는 해석을 하는 모양이다. 보잘것없는 뜬소문 하나에도 부동산은 움직인다. 부동산의 이슈거리는 무궁무진한 가운데서도 많은 이들의 노력에 의해 새로운 이슈거리와 관심거리가 창출된다.

특히, 부동산 주인들은 자신의 부동산을 업그레이드시키기 위해 공부하고 또 공부한다. 값을 올리려고 노력하고 모임을 갖는다. 부동산 정보를 공유하며 뉴스를 만들려 한다. 새로운 소식에 예민하다. 배드뉴스도 정보가 될 수 있다고 본다. 부지불식간에 배드뉴스가 탈바꿈하는 경우도 있다. 최소의 비용으로 최대 효력을 발산하는 것이다.

배드뉴스에는 장단점이 있다. 어떠한 방식으로 받아들이냐에 따라 다른 모습으로 나타날 수 있다.

재테크 형태

재테크 형태는 크게 둘로 나눌 수 있다.

1. 기본형 - 투자 목적(소극적이고 수동적이다)
2. 설계형 - 실수요 목적(융통성, 변통성을 발휘한다. 적극적, 능동적이고
   자신의 의지에 따라 활용도가 달라진다.)

재테크 종류는 많지만 보통 부동산, 금융(저축, 펀드 등)과 주식으로 나뉜다.

부동산은 내 땅(대지 지분 등 지상권)에 재산권 행사가 가능하고, 융통성이 발휘된다. 수동적일 수밖에 없는 주식이나 금융과 다르다. 개인의 능력(각종 개발행위)과 아이디어가 제한될 수밖에 없는 주식이나 금융과 다르게, 부동산은 나의 노하우가 간섭·참견·관여될 수 있는 재화이다. 전원주택과 같이 작품을 만들 수 있는 부동산은 내 고유의 권한이 있기 때문에 노력에 따라 결과가 달라진다.

산과 건물

산이 높을수록 건물은 낮다. 반면, 산이 낮을수록 건물은 높다. 즉, 부동산 구매 시 산수풍경에 혹할수록 위험에 처할 확률이 높다. 주위 경관이 수려한 공원이라면 부동산 활용방안을 시, 군, 구청에 직접 방문해 담당 공무원을 만나 깊은 대화를 나누어라. 부동산은 사람과의 적응도와 적응기에 따라 가치가 변화된다.

우리나라 최고봉인 백두산 앞의 용적률과 건폐율은 0%. 국립공원 설악산 입구의 모 대학은 교과부로부터 부실 대학이라는 경고를 받은 바 있다.

산뿐만 아니라 강(江)도 위험도에 따라 달라지는 건 매한가지이다. 우리나라 최고의 길이와 수위를 자랑하는 압록강은 백두산과 마찬가지로 용적률과 건폐율이 0%에 가깝고 물의 도시 양평과 그 인근의 가평 또한 깊은 강줄기와 더불어 산자락 또한 깊게 형성되어 있어 개발과 무관한 지대가 많은 상황이다.

상수원보호구역과 국립공원 등의 공통점은 물이 맑고 산세가 아름답다는 점이다. 그 산세와 맑은 물에 사람의 마음이 요동친다. 현지답사 시 물을 보고 흥분하는 주부도, 산을 보고 크게 감탄한 미시족도 나타나고 있다.

도시에서 벗어나 자연으로 돌아가고자 하는 욕망은 가장 오래된 인간의 소망이다. 그러나 하드웨어(몸, 행동)는 움직이지 못한다. 사람 마음만 움직인다.

간혹 외향에 크게 연연하는 바람에 낭패를 보는 경우도 있어 큰 주의가 필요하다. '건물이 낮아진다' 는 말은 '건폐율과 용적률이 낮아진다' 는 말과 같다.

-산이 높으면 인근의 건물은 낮아진다.

-강이 깊으면 인근의 건물은 낮아진다.

부계부의 중요성

'3년간 일기를 쓴 사람은 장래에 무슨 일이든 이룰 사람이요, 10년간 일기를 썼다면 그 사람은 이미 무엇인가를 이룬 사람이다' 라는 명언이 있다. 부동산에서도 일기가 통용된다. 바로 부계부이다. 이는 일기식으로 부동산을 체계적으로 써 내려간 가계부의 일종이다. 그 안에는 부동산의 일반상식을 비롯한 엽기적인 상식까지 모두 들어가 있다. 개발청사진을 기록으로 남겨 착공시기와 완공시기를 체크 및 분석한다. 부동산의 이론을 공부할 뿐만 아니라, 현장·임장활동을 통해 느낀 점도 정리해 둔다.

기록보다 더 강한 습관은 없다. 메모보다 더 강한 무기는 없다. 여자 축구스타 여민지도 기록과 메모를 통해 축구를 공부했고, 부동산 재벌 역시 현장을 메모했다. 그리고 느끼고 깨닫고 이해했다.

부동산으로 성공하려면 부계부를 쓰라. 강력하게 권장하는 바이다. 6권의 부계부가 축적되었을 즈음엔 아마 만족할 줄 아는 부자가 되어 있을 것이다.

부계부의 탄생은 메모 습관에서 비롯된다. 메모의 질이 높아지면서 부계부의 크기와 깊이가 달라진다. 부계부에 들어갈 내용은 다양하다. 개발정보와 개발뉴스, 공법 등을 기본적으로 쓴다. 날짜를 쓰고 개발 과정과 체험한 내용을 기록하면 된다.

땅 선정법

땅 투자 전에 무엇을 염두에 두느냐에 따라 승패가 크게 갈린다. 투자 지역을 선정 내지 선점하기 전에는 2가지를 체크해야 한다. 자연보호와 사람보호.

자연보호 지역에 투자하면 안 된다. 자연을 보호하려면 사람의 출입이 금지되어야 하기 때문이다. 비무장지대를 보라. 자연보호가 우선이라 개발과 무관하지 않은가. 자연보호의 실례는 그린벨트, 자연환경보전지역, 생물권 보전지역 등 각종 '보전지역' 이 붙은 곳들이다.

반면 사람보호 지역에 투자하면 좋다. 사람을 보호한다는 의미는 재산권행사, 즉 사유재산권을 보호해 준다는 뜻이다. 준주거지역(업무시설+주거시설 포함) 등 부동산 활용도가 넓은 곳이다. 군사시설보호구역도 사람보호 지역에 포함되는 경우도 있다. 해제 및 완화가 그것이다.

군부대협의지역보다 행정위탁지역은 사람보호를 우선시 한다. 투자 전에 자연보호 우선 지역보다 사람보호 우선 지역을 선정해 움직이도록 하자. 장기간 규제정책을 가하는 곳의 모습은 대부분 자연보호를 모토로 수많은 주민들의 재산권을 박탈한다. 그래서 자연보호 지역의 부동산은 가격과 가치가 제자리에서 장기간 맴돈다.

하지만 사람보호 하는 곳의 부동산은 가격 이동이 잦다. 활동적이다. 사람이 다닐 수 있는 길 또한 많아 생동감이 넘친다. 사람보호 지역에는 사람이 들끓고, 자연보호 지역에는 날짐승과 야생동물들만 들끓는다. 이러한 곳엔 도로와 길이 필요 없다.

현장이 이론보다 더 중요한 이유

부동산 이론은 현실과 많이 동떨어진 상식이라 시행착오를 겪게 될 확률이 높다.

-현장 > 이론

-'듣는 것' 보다 '보는 것' 이 강하다.

-현장답사가 이론공부보다 중요하다.

이론교육만 받는 것은 운전면허 필기시험에 합격만 하고 운전연수는 한 번도 안 하는 격이다. 이론보다 연수를 많이 할수록 교통사고율을 많이 줄일 수 있는 법. 마찬가지로 현장을 많이 볼수록 사고율, 즉 실패율을 많이 줄일 수 있다. 이론공부보다 현장답사가 느낌이 정확하고 강하게 다가온다.

차별화된 땅 매입방법

가장 많이 질문해 오는 것이 있다.

"투자하기 괜찮은 지역이 어디입니까?"

나는 농담조로 열 손가락(251개 지자체) 깨물어 안 아픈 손가락 있습니까 하고 반문한다.

국가원수 고향이 포항이라고 해서 포항만 예뻐할 수 없는 노릇이다. 우는 아이 떡 하나 더 주는 지방분권화, 지방자치시대이기 때문에 좋은 지역을 선정하기란 만만치 않은 작업이다. 목소리 큰 놈이 살아남는 세상 아닌가. 괜찮은 지역을 모색하기는 전문가나 지역부동산 업자가 아니고선 힘들다. 따라서 괜찮은 지역을 물색하는 작업을 하기 이전에 땅 매입법을 간단하게 알아보는 게 좋다.

틈새지역에 눈을 뜨자. 틈새가 좋은 성지로 환골탈태, 거듭날지도 모른다. 부자가 꼭 정답의 선을 걷는다고는 볼 수 없지만 그분들의 모습을 애써 외면할 필요까지는 없다. 냉장고를 겨울에 매입하는 이유가 뭔가? 파격적으로 저렴해서다. 난로를 더위에 매입하는 이유도 매한가지다. 겨울옷을 여름에, 여름옷을 한겨울에 매입하는 부자를 보았다.

땅? 경제적으로 여유롭고 침착한 때가 적기기는 하지만, 수요자가 별로 없을 때 또한 매입 기회다. 즉, 인기지역에 매입이 버겁다면 용기를 내라는 것. 인기지역 땅 잡기는 쉽지 않다. 거품가격에 송장 치른다. 용기를 내라. 인기지역에서 객기 부리는 것보다 훨씬 낫다. 이빨이 없다면 잇몸이 있잖은가. 사자처럼 똥고집 부려 매입 기회를 스스로 차버리지는 말자. 사자의 지론은 '난 죽을지언정 절대 푸성귀는 안 먹는다' 이다. 괜한 자존심이 밥 안 먹여준다.

개발지(항상 사람이 많이 몰리는 지역＝이빨) 옆(잇몸)에 투자해야 한다. 비거품가격에 비규제상태에서 매입 가능한 곳을 선점하라. 일거양득이다. 개발지는 거품가격에 규제를 가하니 개미는 이중고를 겪는다.

아파트 지고 땅이 뜬다

아파트가 전국적으로 신음하고 있다. 반대로, 토지는 아파트 보호자 역할을 한다. 아파트는 장기 하락세와 소강사태에서 벗어날 기미가 없는 반면, 땅은 폭등세이다. 속등(꾸준히 오름)＋급등＋폭등의 기미가 전국 곳곳에서 나타난다. 수도권 지역의 땅만으로 치면 거의 폭등 수준이다.

'아파트가 지고 땅이 뜬다' 는 근거는 다양하게 입증된다. 미분양 아파트와 청약률 제로 아파트, 악성 미분양(준공 후 미분양 등) 아파트가 출현하는 판국은 분명한 위기 모습이다. 더 큰 위기는 위기감을 느끼지 못하고 아파트를 계속 지어댄다는 것이다.

전국적으로 30%가량이 미분양에 시달리고 있지만, 분명 30%선을 훨썬 상회할 것이다. 건설사는 지자체와 국토부에 정확한 미분양에 관한 사항을 곧이곧대로 신고하지 않을 테니 말이다. 건설사는 쉬쉬할 수밖에 없다. 미분양 소식이 알려지기라도 하면 입주할 자가 어디 있겠는가. 부동산은 큰 소문에 사서 큰 소문에 팔라는 말이 있다. 그만큼 소문이 무섭다는 의미이다. 발 없는 말 천리까지 충분히 간다.

땅은 상황이 다르다. '명분이 확실한 자만 땅을 구매하라'는 정부의 강력한 입장 표명은 여전한 가운데 대대적인 토지거래허가구역이 풀리면서 거래 동향이 괜찮은 성적을 보이고 있다.

땅이 뜨는 이유는 따로 있는 것이 아니다. 전국 251개 지자체가 다 오른 상황이다. MB의 화려하고 큰 개발계획 및 완화책, 유화책의 영향력이 지대해서다. MB의 아집은 크고 넓다. 4대강 개발 추진력 하나만 봐도 대통령중심제의 위력을 아니 느낄 수 없다.

예 초광역권 개발계획(해안은 물론, 내륙까지 뻗쳐 있고, 그 안엔 비무장지대도 포함되어 그곳에 사는 주민들에게는 한 줄기 단비요, 큰 희망이다. 수년간 재산권 보장이 안 된 상황에서 재산권보호가 될 기회가 왔으니 말이다. 재산권보호의 다른 말은 사람 보호이다.)

땅 투자는 전쟁의 연속

땅 투자는 전쟁의 연속이다. 수많은 선택들과 만난다. 과감하게 전쟁을 치러야 한다. 그래서 변별력과 판단력이 중요하다. 고도의 심리전을 비롯한, 각양각색의 눈치작전은 입시전쟁을 방불케 한다. 눈치 빠른 자가 최후의 승리자가 된다. 진흙탕 속에서 살아남기 위해 끊임없이 노력해야 한다.

우선, 나와의 전쟁을 치른다. 아파트에 미련이 남는다. 착각 속에서 깨우친다. 깊은 딜레마에서 헤어난다. 현실을 읽는다. 땅으로 기수를 돌려본다.

타인과의 전쟁을 치른다. 매도인과 업자들과의 고도의 심리전을 펼치며 가격 결정과 개발사항 등에 관해 협상한다. 이러한 절차가 없다면 그것은 투자가 아니라, 현실 안주에 불과하다. 전쟁터에 나가지 않으려는 실패자의 모습이다. 전쟁이 무섭다고 투자하지 않는 자는 인생 자체를 두려워하는 자다.

다음으로 물건과의 전쟁을 치른다. 선택의 길에서 큰 고민에 빠진다. 전국 251개 지자체 중 투자지역 하나 선택하기도 힘들다. 더군다나 전국 3,576개 읍·면·동 중 1~2곳 선택하는 작업은 고된 작업 중 하나이다.

타인과의 전쟁은 멈출 줄 모른다. 다른 업자에게서 연락이 온다. 가격과 전쟁을 한바탕 더 치른다. 개발사항과도 전쟁을 또 치른다. 냉전이다. 시장(동향)과도 전쟁을 치른다. 결론이 잘 나지 않는다. 다시 컨설팅을 받는다. 다시 깨우친다. 꿈에서 깨어난다.

투자의 기간은 마치 임신 기간과 같다. 적절한 긴장감이 필요하고, 관리와 보호가 절실하다. 출산(빠져나오는 때)하기 전까지 관리를 잘해야 원하는 것을 얻을 수 있다.

컨설턴트의 컨설팅, 조언을 받되 최종 결정은 본인 주관대로 해야 차후에 후회와 원망에서 자유로울 수 있다. 차후에 본인이 모든 책임을 감수해야 하기 때문이다. 결자해지의 정신을 요한다!

땅 급하게 팔지 마라

땅, 여유가 돈 된다. 땅은 여유 있는 자의 전유물에 가깝다. 곧 대박날 땅이라는 명분을 내세워 업자는 매도를, 매수인은 매입을 서두른다. 그러나 땅 대박은 기적과 같다.

간혹, 큰 재미를 보는 경우는 '여유+여유'가 있을 때다. 땅을 급하게 팔아버리면 후회막급이다. 급하게 판다는 것은 수익창출이 적어진다는 말이다.

나는 8년 전에 안면도 꽃지해수욕장 인근의 준농림지역(지금의 관리지역) 땅을 팔았는데, 당시 근처 땅을 급히 사서 팔아버린 사람이 있는가 하면 지금까지 보유하고 있는 사람도 있다. 당시 자연녹지가 평(3.3m²)당 10만 원대였지만, 지금은 평당 150~300만 원이다. 바다가 보이는 펜션부지는 물건이 없다시피 한다. 가격은 거의 부르는 게 값이다. 물건이 한정되어 있기 때문이다. 태안의 레저형 기업도시의 이슈(재료)와 더불어 '웰빙'이라는 시대적 타이밍과 맞아떨어졌다.

여유의 덕은 이뿐만이 아니다. 토지보상비를 받는 선조 땅 보유자도 극과 극이다. 신도시 등 보상비 수령도 여유 있는 자는 일확천금을 맛보지만, 급히 매도한 자는 땅을 칠 판이다. 선조 땅 몇 천~몇 만 평을 꿋꿋이 지켜온 사람은 수백억의 보상비를 수령한다. 하지만 중간에 급히 팔아버린 자는 1억도 채 안 되는 보상비에 만족해야 한다.

전국적으로 1년 넘게 평균적으로 완만하게나마 땅값 상승현상이 지속되고 있다. 특히 이천, 여주, 경기 광주는 땅값이 거의 미치다시피 하고 있다. 지주는 물론, 부동산 중개업자, 기획부동산, 외지인의 홍정에 의해 상승 기회가 많아지고 있는 것이다. '아파트 대신 땅이다' 하고 노래 부르고 다니는 주부가 많아졌다. 땅 하면 손사래 치던 주부도 수도권 땅 알아보기에 여념 없다. 땅은 부동산 재테크 종목 중 거북의 성격을 가장 많이 닮았다. 거북의 평균수명이 250년이지만, 땅의 수명은 그 이상이다. 주인은 바뀔지언정 땅은 온전한 자태를 유지하지 않는가.

2000년 경기도 광주군 궁평리 땅이 평당 5만 원이었다. 지금은 호가만 200만 원! 시 승격 이후 많은 변화를 몰고 왔다. 그 당시 팔아버린 사람들은 지금 후회하고 있다. 애꿎은 땅만 원망한다.

기다림의 여유는 여유만만으로 변한다. 땅은 평균 5~10년을 기다리면 무조건 오른다. 지주의 의지와 지자체 단체장의 개발 열의가 한 데 아우러진 결과·산물이다.

아파트는 소강·하락세가 대부분이지만, 땅은 오르지 않은 지역 찾기가 힘들 정도다. 도박 바둑의 경우, 장고 끝에 악수를 둘 수 있지만, 땅은 장고 끝에 호수 둘 수 있다.

투자 목적을 바꿔라

투자하는 목적을 바꿔야 한다. 돈을 벌기 위한 투자는 재미없다. 투자의 목적을 돈 벌기 위한, 대박 터트리고자 하는 데에 둔다면 너무 허무하다. 마음만 졸이니 재미있을 턱이 없는 것이다. 투자의 목적을 '즐거운 삶'에 둔다면 재미있다.

돈 벌기가 투자 목적의 전부가 된다면 긴장의 연속 속에 살게 된다. 돈 벌기가 투자 목적이 되지 말아야 하는 이유는 만족을 모르는 부자가 될 소지가 커서다. 즐거운 삶을 목적으로 부동산투자를 하라는 이유는 만족할 줄 아는 부자가 되기 위함이다. '돈'에만 기준을 두고 투자하면 끝이 없다. 욕심의 끝이 없어 아마 죽을 때까지 재테크만 하다가 무덤으로 갈 것이다. 벌었다면 끝을 내는 것이 현명하다. 만족스럽게 목표치가 완수되었다면 그 돈을 관리 및 보호하는 데 신경 쓰며 자신이 좋아하는 일(직업)에 매진하는 게 행복한 인생이다.

만족을 모르는 부자—평생 동안 목표 수정을 반복한다. 5년 안에 10억 원을 벌겠다는 목표를 세운 후 달성하면 다시 목표치 수정에 나선다. 1년 안에 20억 원(목표)으로 늘릴 확률이 높다. 올인한다. 도박으로 변한다. 도박 옆엔 항시 쪽박이 대기 중이다. 돈 놓고 돈 버는 전략으로 바뀌면서 인생 말로가 도탄에 빠질 위험에 처한다.

만족할 줄 아는 부자—목표점에 도달하면 관리에 들어가고 맡은 일(직업)에 열중한다. 더 이상의 재테크는 안 한다. 하지만 자신만의 노하우는 전수하고자 강의하고 책을 낸다. 그러면서 인생을 즐긴다.

성공의 조건

성공의 조건은 의외로 단순하다. 성공의 조건 중엔 '돈' 이 포함된다. 특히 우리나라에서는 돈 없으면 하고 싶은 일을 시작도 못한다. 돈이 없으면 꿈도 사랑도 없다. 따라서 재테크는 생활이면서 필수항목이다.

부자치고 부동산 없는 자 없다. 아무리 지금 부동산 경기가 안 좋다고 해도 변한 것은 없다.

성공 조건 중 1순위는 '사람' 이다. 사람이 돈인 셈이다. 재벌들의 성공 조건과 비결은 사람, 인재에 있다. 회사 식구를 뽑을 때 심사숙고한다. 면접 때 관상쟁이를 앉힐 정도이니 말 다 한 거 아닌가. 그렇게 뽑아놓고 일 엄청 부려먹는다. 현대, 삼성 등 대기업의 공통점은 24시간 불이 켜져 있다는 것이다. 동시에 대기업을 유지하는 비결이다.

성공 조건의 2순위는 '건강' 이다. 건강을 위해 골프를 한다. 일거양득 이다. 취미활동을 하면서 대인관계를 쌓고 원만하게 만든다. 더불어 돈 도 쌓는다. 취미와 특기가 분명하다. 정치인, 경제인들의 모습을 보면 알 수가 있다. 취미활동이 거의 주특기 수준이다.

3순위는 '땅'이다. 아파트가 죽자 땅이 어부지리로 덕을 보고 있는 상황이다. 땅 시대가 도래한 것이다. 1978년 당시 전국 땅값 평균상승률은 무려 49.9%였다. 아파트의 변화와 달리 땅은 전국 251개 지자체가 전부 올랐다. 땅값 오름세는 변덕이 좀 심할 뿐 아파트와 달리 무난하다. 오름세가 튼 곳도 발견된다. 선무당(예비 부자)이 사람 잡을 태세이다.

땅과 아파트의 큰 차이점

5억짜리 아파트가 10억으로 오르는 시대는 끝났다. 그러나 땅은 가능하다. 5만 원짜리가 10만 원으로 변모하는 것은 예삿일이다. 예나 지금이나 마찬가지다. 성공의 3가지 조건 중 땅은 건강과 사람을 지켜주기도 한다.

2. 땅의 습성을 잘 알면
돈이 보인다

부동산 정보는 사람 정보이다. 예컨대, 내 땅 옆의 주인에 관한 정보가 부동산 정보인 셈이다. 내 땅 옆의 지주가 탁월한 개발능력의 소유자이면 나는 땅 소유에 큰 보람을 느낄 수 있다. 옆 지주의 개발능력 여하에 따라 내 땅의 가치가 변한다. 정치인이나 경제인이 내 땅 옆의 지주라면 아주 유리하다. 반대로 내 땅 옆의 주인이 능력이 없거나 개발에 관심이 없다면 내 땅의 미래는 불투명하다. 이럴 땐, 내가 직접 개발능력(정보력+자금력)을 발휘하는 수밖에 달리 길이 없다.

필자의 땅이 있는 경기 광주 도척면의 경우, 땅값이 많이 오른 이유가 분명하다. 줄지어 전원주택을 짓는 통에도 이익을 보았지만, 인근 곤지암 리조트가 있는 도웅리는 모 재벌그룹이 많은 땅을 보유하고 있어 그 땅의 가치와 가격이 천정부지로 상승 중이다. 옆엔 용인시 택지개발지구인 모현면(외대 분교 상존)이 상주하고 있어 더욱 백그라운드가 든든하다.

필자 땅은 밭 상태이지만 많이 상승했다. 옆의 지주들이 개발을 서둘러 큰 덕을 본 셈이다.

필자 땅 주위의 지목은 아주 다양하다. 공장용지(공장총량제 강화 이전 모습 유지 중), 창고용지, 대지, 목장용지, 잡종지, 하천부지 등으로 업그레이드되었다. 전용 등의 개발행위를 하게 되면 용처와 용도에 따라 지목변경을 하는 것이다.

부동산의 강력한 특징 중에 하나인 연계＋연결＋인접성을 잘 따져 투자해야 한다. 부동산 연계성의 힘은 무자비할 만큼 세고 크다. 토지 투자 목적을 한 단어로 축약한다면 '연계성'이다. 연결고리가 크고 질길수록 그 힘은 배가되어 땅값이 폭등한다.

쓸 만한 땅 찾기

'수도권에서 땅 찾기'는 '미스코리아 대회에서 미인 찾기'와 같다. 왜? 겉이 지나치리만큼 화려하고 예뻐 보인다. 자칫 성형중독증(불법 용도변경 현상)에 걸린 참가자를 선택하는 우를 범하게 된다. 불법 용도변경, 즉 성형중독증은 나중에 부작용이 일어날 가능성이 크다. 쓸 만한 땅은 개인이 뜻한 대로 활용할 수 있는 땅이다. 지나친 거품에 상식 이하의 규제까지 더해지면 구제하기 힘들다.

오히려 지방에서 땅 찾기가 수월하다. 자연미인(?)이 많아 그중에 하나 물색하는 게 낫기 때문이다. 꼭 필요한 성형수술은 내가 하면 그만이다. 내 돈으로 허가절차 제대로 밟고 말이다. 내 땅이면서도 내 의지대로 이용하지 못한다면 그 땅의 가치는 저울질할 수가 없다. 가치가 없다면 가격 자체를 논하지 못해 애물단지로 전락하는 것이다. 괜찮은 땅은 쓸 만한 땅이다. 지금은 모양새가 안 좋지만 추후, 복토 혹은 성토가 가능한 땅이라면 그것 역시 괜찮은 땅, 즉 쓸모있는 땅이다. 변화의 조짐이 보이거나 변화를 추구할 수 있는 땅이 쓸모있다.

땅 매입과 아파트 매입은 다음과 같은 차이가 있다.

땅 매입

1. 서류(토지이용계획확인서, 지적도, 임야도)를 꼼꼼히 봐야 한다.

2. 미시적 상황과 주변환경을 봐야 한다.

　　토지 활용 범위+넓이=건폐율+용적률의 성적도

3. 거시적 개발사항에 영향을 조금 받는다.

4. 잠재력이 있기 때문에 투자를 겸할 수 있다. 지상물을 향해 밟아가는 과정이 땅이다.

　　예 맹지→대지→택지화→지장건축물 설립

5. 개인적 활용도가 높고 넓다.

　　예 전원주택 건축

6. 가격의 종류가 다양하다. 땅 주인과 가격 절충 가능, 합의가 가능하다.

아파트 매입

1. 학교, 병원 등 편익시설(근린시설), 기반시설을 우선적으로 보아야 한다.

2. 실거주 목적이므로 미시적 상황에 민감하다.

3. 거시적 개발사항과 상관없다.

4. 투자, 재테크와는 점점 멀어지고 있다.

5. 개인적 활용도 불가! 아파트를 개인적으로 건설하지 못한다.

6. 분양 전부터 가격이 정해진다.

투자의 3요소

투자자들의 특징은 과감하고 대담하다는 것이다. 자신감도 넘친다. 그 이유를 믿음, 사랑, 소망이 머리와 가슴에 들어갔기 때문으로 분석한다. 이 3가지가 없다면 과감하게 투자전선에 뛰어들지 못한다. 이는 투자의 3요소와도 밀접한 관계가 있다.

1. 믿음-부동산을 믿고 움직여라. 믿지 못하면 자신감과 열정이 안 생긴다.

2. 소망-성공을(만족을) 열망하라.

3. 사랑-부동산을 사랑하지 않으면 시작조차 할 수 없다. 땅에 대해 유난히 부정적인 사람이 있다. 부동산을 미워하면 전진이 힘들다. 성공한 땅 투자자 대부분은 땅을 지극히 사랑하는 자이다.

이처럼 부동산 투자를 할 때에는 믿음, 사랑, 소망이 있어야 한다. 3박자가 안 움직이면 투자가 안 이루어진다.

이런 사람은 땅 사면 재미 볼 수 있다.

1. 토지이용계획확인서, 지적도, 임야도 정독 가능 자.

2. 5년 안에 2배 수익을 원하는 자. 그 이상은 대운이다.

3. 공법, 공시법 등과 정실주의 습성 및 부동산 관례에 대해 잘 아는 자.

4. 여유자금이 있는 자. 장기간 묻어두어야 하므로 대출로 땅 사기란 힘들다.

5. 땅을 본인이 직접 되팔 자신이 있는 자.

   내 땅 상태가 좋으면 상대(매수예정자)도 좋아 보이는 것이요, 상태가 안 좋으면 상대의 눈에도 안 좋을 수밖에 없는 법이다.

6. 경제신문 등을 장기간 스크랩한 자. 경제를 알아야 부동산도 안다.

땅 투자의 5단계

"어느 지역이 돈 되나요?"

"대박날 곳 좀 알려주세요."

필자에게 가장 많이 하는 독자들 질문이다. 우문이다. 대박날 곳을 묻기 전에 '투자해서 안전한 곳이 어디인가?' 라는 질문을 하라. 현실성 있는 질문이다. 투자하기 전에 대박 운운하는 것은, 투자의 기본공식조차 모르고 하는 말이다.

대박을 먼저 떠올리는 행위는 수익성을 먼저 따져보는, 즉 거꾸로 가는 행태다. 노력은 안 하고 결과를 바라는 것은 도둑놈 심보이다. 돈 되는 곳을 찾기 이전에 안전한 곳을 찾자! 물고기를 잡아달라는 사람은 어리석은 자이다. 각고의 노력 끝에 물고기 잡아서 남 주는 자 보았는가? 이는 마치 성공한 자에게 성공을 바라는 자가 내 인생 대신 살아주세요, 라는 것과 별반 다르지 않다.

땅 투자의 5단계는 다음과 같다.

1단계

땅과 관계 맺기. 일단 책을 통해서 매일 땅을 공부한다.

2단계

1차적으로 땅을 본다. 업자와 함께 현장답사하여 땅과 친해진다.

3단계

각종 세미나 등을 통해 관계자와 함께 대화를 나눈다. 실패와 성공사례 분석에 대해 많은 담론을 나누는 것이 좋다.

4단계

2차적으로 땅을 본다. 1차와 달리, 혼자 답사한다. 스스로 부동산의 장점과 맹점을 발견한다. 발견하지 못했다면 발견할 때까지 혼자 답사한다. 스스로 깨달아야 한다. 한 군데 집중해 답사하라. 중구난방으로 답사하면 장점과 맹점을 찾지 못한다. 집중력이 분산되는 걸 막기 위해 한 군데 집중 분석하는 것이다. 다른 사람이 알려주는 장점과 맹점은 아무 의미 없다. 스스로 채득하는 것이 아주 중요하다.

5단계

세미나에 참석하여 담론한다. 부동산 주인이 되기 위한 본격적인 담론이어야 한다.

부동산 구입 전 준비 7단계

모든 일에는 밟아야 할 절차가 있다. 어느 세월에 절차를 다 밟고 투자하느냐고 볼멘소리를 하는 투자자도 있지만, 안전하게 투자하기 위해선 정도를 걸어야 한다. 투자자를 현혹하는 광고와 사탕발림에 몇 단계를 건너뛰고 투자했다가는 큰 낭패를 볼 가능성이 높다. '급할수록 돌아가라' 는 말은 부동산투자에도 적용된다. 차근차근 단계를 밟아나간다면 소기의 성과를 거둘 수 있을 것이다.

1단계

역시 부동산 공부가 첫 단추. 서점에서 공인중개사 시험과목 및 땅 관련 서적을 구입해(자신의 이데올로기와 맞는 양서) 부동산에 대해 상세히 알아보라. 부동산에 관한 법을 배우는 것도 중요하지만, 부동산의 속성을 터득하는 것이 더 중요하다. 왜 부동산에 투자를 해야 하나? 이런 질문에도 즉각 대답할 준비가 되어 있어야 한다.

2단계

공인중개사 등 부동산 관계자와 상담을 자주 하라. 부동산에 대해 공부한 상태라 대화가 잘될 것이고, 분위기가 부드럽게 고조될 것이다. 심야토론도 좋다. 전문가에게 질문을 많이 던져라.

3단계

지역 정하기. 본인에게 맞는 지역의 부동산을 선택하라. 자금에 맞춰 들어가고, 중 · 장 · 단기 계획을 세워라. 전문가의 조언을 참고로 하되, 본인의 판단대로 만들어야 한다.

4단계

발품 팔기. 예를 들어, 충북지역에 투자하고 싶다면, 지역부동산을 이용해 정보를 우선 알아보라. 여행하는 셈 치고 가벼운 마음으로 두루두루 살펴보라.

5단계

지역 선정이 끝났다면 시청이나 군청 관련 부서에 들러 계획 및 확정 사항을 노크하라. 때론 읍 · 면장을 활용하라. 물론, 건폐율과 용적률 체크도 잊지 않는다.

6단계

가격(시세)을 알아보라. 역시 지역부동산에 들러 시세를 알아보고, 동네 유지와 이장을 만나 솔직하게 담론을 나눠라.

7단계

땅의 경우, 가격과 지역개발계획 상황 알아보기가 끝났다면 컨설팅회사를 이용할 것인가, 지역부동산에서 구입할 것인가, 지주와 직거래할 것인가를 정한다.

땅 관리 사항

일단 땅을 보유하고 있다면 절대 방치하지 마라. 보유 중에도 꼭 보살피자. 땅 관리에 관한 구체적인 사항은 다음과 같다.

1. 시청이나 군청 등을 적극적으로 이용해 규제가 올 수 있나 알아본다. 20여 년 전에 부산 기장군의 자연녹지 땅을 샀다가 낭패를 본 엄 씨는

매입 당시에 없던 규제가 생겨 큰 시름에 빠져야 했다. 몇 해 전, 자신의 땅이 상수원보호구역으로 지정됐다는 소식을 들었기 때문이다. 10여 년 전에 땅값이 가파르게 오르고 있을 때 팔았어야 했는데, 보유 중에 알아보지 못한 탓이다.

2. 지가 이동사항을 알아보라. 지역부동산을 여러 곳 이용하라. 땅의 가치를 판단하는 데에 많은 도움이 된다. 그 지역에서 오랜 세월 굳건히 고향을 사수하고 있는 유지나 '복덕방 할아버지'에게 시세파악을 의뢰하면 비교적 정확하게 알 수 있다. 오차가 크지 않을 것이다.

3. 도로포장 여부를 알아보라. 국도, 지방도 등 도로건설과 도로확장, 도로포장 여부도 구체적으로 알아보면 좋다. 내 땅과 연결되는지 구체적으로 알아보자.

4. 땅 주위의 환경 변화에 민감해져라. 각종 편의시설이나 항만, 산업공단이 들어설 예정사항 등에도 관심을 기울여라. 간혹, 혐오시설이 들어서는 경우도 있으니 꾸준히 내 땅 주위를 둘러봐라. 단, 장애인시설물은 혐오시설물에 포함시키지 말라. 도로가 필요하므로 장애인시설도 개발의 한 축으로 해석된다.

5. 임야라면 아주 작은 개발이라도 하라. 작은 개발의 시작은 벌초이다. 이것이 땅값에 시동을 걸 수 있다. 잡초에 뒤덮인 무덤보다 벌초로

‘리모델링’ 한 무덤이 가치 면에서 훨씬 높다. 사람의 손길이 갔기 때문이다.

6. 지목변경을 신청하라. 지목변경은 어떠한 개발행위에서 발생되는 한 과정 혹은 최종 절차에 해당되는 지극히 자연적인 현상이다. 이를 테면 전용절차(형질변경 등)를 말한다.

지목변경을 땅에 대한 작은 리모델링으로 여겨라. 소요경비를 상세히 체크해 들어가라. 전용 과정에 지목변경(최종 절차)이 포함되어 있고, 전용허가 과정에 형질변경이 포함되어 있기 때문에 부동산의 각종 개발은 연계성이 있다. 지목변경은 최종 종착점이다.

7. 단체장의 지역개발 공약사항에 대한 시행 여부를 알아보라. 그리고 진척사항을 적극적으로 확인하라. 만약 수수방관하는 상태라면 적극적으로 민원을 제기하고, 개발약속의 이행을 쉼 없이 재촉하라. 보편타당성에 입각해서 합리적인 방법으로 내 땅 주위의 개발타당성을 지속적으로 제기하라.

관청의 접근성

각종 관청(등기소, 구청, 주민센터, 시청, 군청, 읍·면사무소 등)이 새로운 모습으로 탄생되고 있다. 호화청사 논란이 거세지자, ‘단속’을 대대적으로 한다고 호들갑을 떤 적이 있었다. 문제는 호화청사의 위치이다. 외곽지대로 이전하여 민원인의 불편함이 이만저만이 아니다. 험준한 산을 깎아(개인적으로는 도저히 힘든 상황) 대형 호화청사를 만드는 경우가 많아지고 있다. 도보로 가기도 만만치 않다. 산을 깎아 만든 청사이니 가파른 경사도 때문에 노인들은 방문이 만만치 않은 일이다.

따라서 일단 괜찮다 싶은 지역의 땅을 모색할 때에는 각종 관청의 접근성을 따져봄직하다. 역세권이나 대중버스가 빈번히 다니는 곳의 위치에 있다면 민원인, 주민들의 왕래가 많기 때문이다. 또한 자신이 각종 민원을 전화로 함으로써 생길 수 있는 오해 및 와전사항을 사전에 방지하기 위해서라도 관청방문은 수월해야 한다. 부동산 민원은 전화문의보단 방문문의가 상세하고 정확하다.

관청은 자주 들락거려야 한다. 부동산 사기를 줄일 수 있는 한 방도이기도 하다. 혈세 납세자의 주장이다. 국민의 의무를 지켰다면 당연히 권리를 주장해야 한다.

필자는 최근, 경기도 광주청사가 이전을 하면서 불만이 많아졌다. 내가 소유하고 있는 땅에 관한 민원사항을 알아보기 위한 방문이 수월하지 않기 때문이다. 구청사의 위치가 버스정류장 바로 앞이라 좋았는데, 현재 이전한 곳의 신청사는 산꼭대기에 있어 아주 불편하다. 대중교통은 엄두도 못 낸다. 자가용 없이 민원을 본다는 것은 매우 힘든 상황이고, 셔틀버스라도 다니면 좋으련만 그마저도 없는 상황이다.

이처럼 관청의 접근성은 무시할 수 없다. 관청이 주택가 외(外), 아주 멀리 떨어져 있다면 발품(여러 차례 방문) 파는 데에 한계가 있어 민원인이 차후에 겪을 시행착오가 걱정이 안 될 수 없다. 부동산을 보유 중이거나 매매 시에 알아볼 '정밀 민원사항' 을 그냥 지나칠 확률이 높지 않겠는가. 자세히 알아볼 기회가 적어지는 폐단이 발생한다. 외곽지대에 위치한 관청에 불만이 쌓일 수밖에 없다. 국민의 집인 관청은 주택가에 위치해 있어야 유리하다. 준주거지역에 위치해 있다면 금상첨화일 것이다. 관과 주민이 자연스럽게 윈-윈 할 수 있는 방도는 접근성이다. 그래야 친밀도가 높아진다.

폭등한 경기 광주 땅

2001년 군에서 시로 승격되는 순간, 경기도 광주 땅값은 미치기 시작했다. 박 군수, 김 시장 등 수장이 구속되는 순간에도 땅값은 미치고 있었다. 두 수장의 비리가 땅값 이동에 영향이 있는 것이었다. 각종 인허가에 편법과 탈법, 그리고 불법이 결과적으로 땅값을 움직이게 만들었던 것이다. 주민과 민원인들의 재산권 행사에 권력이 들어가니 오죽하랴!

2001년 당시, 5만 원에도 거들떠보지도 않던 내 땅 경기 광주군 도척면 궁평리 땅이 지금은 200만 원을 호가한다. 논 상태지만 지적도상엔 밭으로 나온다.

2009년 7월엔 MB 공약사항 중 하나인 농업보호구역의 해제 약속에 의해 관리지역으로 세분화가 되면서 또 한 차례 땅값이 상승되었다. 행정통합은 이미 물 건너간 상황이지만 스키장(곤지암리조트)이 새롭게 개

장되었단 소식이 200만 원을 호가하게 만들었다. 그러나 행정통합에 의한 거품가격도 빠지지 않은 상황이다.

한편 광주에 무자비하게 짓고 있는 전원주택단지, 고급 빌라촌의 영향으로 유입 인구는 꾸준히 증가하고 있다. 서울과의 교통 편의가 좋은 편이라 접근성을 더욱더 높게 만들고 있다.

대중교통이 날로 좋아지는 통에 수원, 분당과의 접근성도 뛰어나 빨대 현상마저 나오는 판국이다. 교통의 편리함으로 인한 광주시민의 수원과 분당으로의 원정쇼핑을 그 누가 말리랴. 지금 한창 건설에 박차를 가하는 판교~여주 간 전철공사 역시 광주 발전의 또 다른 효과다. 전철역이 4곳이나 생기자 200만 원이라는 호가도 비싸 보이지 않는다. 더 오를 것으로 예상된다. 옆의 용인의 미래보다 평점 면에서 높게 주고 있다. 친환경적 미니신도시로 합격점을 받을 만한 자격요건은 이미 갖춘 상태이기 때문이다. 최근 토지거래허가구역에서 해방되는 순간에 맛본 감흥이다.

하지만 땅값이 오른다고 마냥 욕심만 부리면 안 된다. 평당 200만 원이라고 떠들어대도 200만 원은 아니다. 150만 원일 수 있다. 역지사지 마음으로 거래일선에서 움직이면 좋겠다. 평당 200만 원이 담합가라면 150만 원 선에서 내놓는 배려심도 꼭 필요하다고 본다. 부동산 주인으로서의 자격요건이다. 각별한 배의(配意)야말로 부동산 거래 시, 꼭 필요한 덕목이 아닐까 생각해본다. 땅값이 미쳤다고 사람마저 미친다면 세상이 살벌해질 것이다. 땅값에 불이 나면 나중에 재가 남는다. 마지막으로 경기도 광주 땅값을 폭등시킨 재료들이 무엇인지 알아보자.

큰 재료

– 여주~판교 간 전철공사와 크고 작은 각종 도로포장 및 확장공사, 서울과
  의 뛰어난 접근성(새로운 강동권, 하남과 연계)

작은 재료

– 전원주택단지 건설에 따른 각양각색의 소로 건설, 전원주택 붐, 곤지암
  리조트의 활용도와 건축 붐에 따른 크고 작은 도로 건설
– 지주들의 큰 욕심

실수요자들의 행동에 따라 광주 땅은 광범위한 지가의 이동이 생긴 것이다.

용인과 이천, 여주는 기획부동산 등 투기꾼이 판치는 반면, 광주는 기획부동산이 못 들어오고 있다. 광주는 실수요·실거주 위주로 토지시장이 형성되었기 때문이다.

지방 땅 되파는 법

땅 되팔아 달라는 주문이 쇄도하고 있는 이유는 무엇일까. 땅의 환금화, 현금화에 직접 부딪치는 것이다. 땅 사서 발목 묶인 분들의 한결같은 공통점은 방법론에서 매도를 잘못하고 있다는 것이다. 매수희망자를 어디에서 찾느냐가 큰 관건이다. 그에 따라 승패가 갈린다. 묶이느냐, 안 묶

이느냐로 말이다.

　서울에 거주하면서 지방에 있는 내 땅 팔기는 쉽지 않다. 이유는 분명하다. 매도자의 큰 착각 때문이다. 매수희망자의 의중을 잘 읽을 줄 알아야 한다. 역지사지 정신이 부동산에서도 중요하게 작용한다. 매수희망자는 수도권과의 접근성을 따질 것이다. 따라서 서울에 사는 사람이 소유한 지방 땅을 쉽게 되팔기 위해서는 지방 인근에다 물건을 내놓아야 한다.

　예컨대, 서울에 거주하지만 내 땅이 경북 문경에 있다면, 문경 인근의 부동산업소에 물건을 내놓아야 한다. 귀찮다고 서울에 있는 부동산업소에다 문경 땅을 내놓는다면 사람들은 너무 멀다는 불만토로와 함께 외면할 것이다.

　문경 땅은 문경 인근에다 내놓는다. 그래야 환금화 과정의 시간을 단축할 수 있다. 사람들은 부동산의 접근성을 매우 심하게 따지기 때문이다. 수도권 땅이 강원도 땅보다 인기 있는 이유는 매수희망자가 강원도보다 수도권이 많기 때문이다. 2,500만 가량의 수도권 인구와 150만 인구의 강원도와는 경쟁 자체가 어렵다. '인구수가 수도권이 강원도보다 훨씬 많다'는 말은 '환금성에서 수도권이 유리하다'는 말과 같다.

　'마누라와 땅은 가까울수록 유리하다'는 속담이 괜한 말은 아닌 듯싶다. 관리 및 보호 면에서 수월하기 때문이다. 제주도 땅을 서울 부동산업소에 내놓으면 잘 안 나가는 것은 당연하다.

　접근성 면에서 빵점이다. 너무 멀다는 불만의 목소리가 클 것이다. 반면 완도 인근의 부동산업소에 물건을 내놓으면 빨리 나간다. 대중교통

(선박)이 용이해 접근성이 좋은 편이기 때문이다. 접근성이 서울보다 훨씬 좋다. 제주~완도 간 배가 뜬다.

지방에 있는 내 땅을 수많은 서울의 부동산업소에 내놓았는데 '왜 빨리 안 나가지?' 고민만 하지 말고, 매도가 왜 안 되는지 원인분석부터 하라. 역지사지의 정신을 먼저 배워라. 그러한 상황과 조건에서 나 같으면 사겠는가? 자문부터 하라. 살 때도 발품 많이 팔았다면 되팔 때 역시 많은 발품을 요한다.

땅 리모델링해서 되팔기

부동산을 리모델링한다는 것 자체에 돈이 많이 들어가기 때문에 일반인은 엄두조차 내기 힘들 수 있다. 예산 책정도 힘들뿐더러 자신감도 없다. 루트 구축도 만만치 않다.

땅도 리모델링한다. 그러나 이는 아파트나 단독주택 등 지장물의 리모델링과는 많은 차이가 있다. 지극히 창조적이라 할 수 있다.

2007년 3월, 해외교포 박 씨(60)는 잠시 국내 체류 중에 경북 문경시 문경읍 문경온천단지 인근의 대형 관리지역 내에 작게 분포되어 있는 농림지역 땅을 평당 3만 원에 매입해 그 다음 해에 6만 원에 되팔았다. 땅 리모델링은 각종 전용행위 등 개인적 개발행위로 개인비용이 만만치 않게 드나, 박 씨는 리모델링 비용을 돈 한 푼 안 들이고 작지만 초단기 내에 수익을 창출하였다. 박 씨는 매입 당시 그 인근의 환경을 주도면밀하게 분석한 후 길지 않은 시간 내에 되팔아야겠다고 계획을 세운 것이다.

비록 3만 원에 불과한 땅이지만 발전 가능성을 염두에 두고 작업한 것이다. 뒤로는 주흘산이 있고 앞에는 작은 시냇물이 있어 딱 '웰빙지역'에 맞아떨어졌다. 황토방과 작은 펜션도 보여 되팔 수 있을 것이라는 확신이 들었다.

더욱이 인근의 문경온천단지가 박 씨에겐 희망의 속삭임으로 다가왔다. 좋은 가격과 적정한 이슈거리 때문에 박 씨는 단기간 내 빠져 나올 수 있었다. 이처럼, 땅 리모델링은 아파트 등 지장물의 리모델링에 비해 특별한 기술과 노하우가 필요하지만 엄청난 돈이 필요하지 않다.

손모(60) 씨 역시 땅 리모델링으로 투자에 성공했다. 정선 땅을 싸게 잡아 옆 필지 지주와 공동투자해 도로 확장, 연장공사를 한 후 되팔아버렸다. 5년 전, 임야 1,000여 평을 평당 5,000원에 잡아 50,000에 팔았다. 도로공사에 든 비용(500여 만 원)을 감안해 만든 평당 가격이다. 땅 리모델링을 위해 토지사용승낙서 써주는 건 당연지사. 이 정도의 수위조절(조정)이 안 될 정도의 조건이라면 리모델링의 첫 단추 끼우기는 힘들다. 소로 건설 등 리모델링을 할 때는 공사 전후의 사진을 촬영해 놓는다. 되팔 때 활용할 자료이다. 매수예정자는 길의 확장 여부로 매수욕이 꿈틀거린다.

작은 돈으로 큰 이익 보는 방법

먼저 땅에 대해 잘 알아야 한다. 매매할 때 지주와 직접 거래를 해야 하기 때문이다. 그래야 작은 돈으로 큰 이익을 보는 데 지장이 없다.

업자를 통해 매입을 한다면 폭리에 희생양이 되기 쉽다. 물론, 양심적인 업자를 만났다면 문제없겠지만 말이다.

1. 지주와 작업을 할 때도 지주의 성향을 빨리 파악해야 한다. 지주에게 매입한다고 해서 저렴한 가격에 매입하라는 100% 보장은 없으니 말이다. 선조 땅을 상속받은 지 얼마 안 된 사람의 땅을 구매하는 게 유리하다. 지주가 상속받은 지 오래된 땅은 양도소득세 과다에 해당된다는 사실을 알고 있다면 그 지주는 매수자에게 폭리를 취할 수밖에 없기 때문이다.

2. 지극히 이중적인 가슴이 필요하다. 이 말에 공감 가기 쉽지 않겠지만 부동산 부자들이 잘 이용하는 방법이다. 매수할 때의 자세와 매도할 때의 자세가 반대여야 한다.

매수할 때는 물건의 단점과 결점을 확보한다. 그래야 보다 저렴하게 구매할 수 있다. 반대로 매도할 때는 물건의 장점을 발견하고 비전을 세운다. 가격을 극대화시킬 수 있는 큰 재료(장점+강점)를 다양한 모습으로 보여준다면 원하는 가격을 책정할 수 있다. 그렇게 된다면 최소의 비용으로 내가 원하는 수익을 창출할 수 있는 것이다.

3. 「강원일보」「중도일보」등 지방신문을 통해 개발예정지를 알아보고, 그곳을 직접 찾아가 지주와 직접 대면해 물건확보에 나서자. 지주에게 직접 땅을 잡아 내가 직접 되파는 작업을 해본다. 강원권이나 충청권에서 매입을 할 때는 10만 원 이하로 잡는다. 환경조건에 따라 매도가격을 정한다. 간혹, 지번도 공개되어 있으니 내비게이션을 이용해 직접 지주와 만나 투자결정을 내리는 것이 좋다. 매매 시 업자와 한다면 작은 돈으로 큰 수익 보기는 힘들다. 컨설팅 비용도 비용이려니와, 분양가에 거품이 들지 않을 수가 없다.

개발은 국지적이다

국지성 호우를 보았을 것이다. 개발 모습이 국지성 호우의 모습이라고 생각하면 된다.

예를 들면 광역시 옆에 또 하나의 광역시가 있을 수 없다. 물론, 예외는 있다. 서울특별시와 인천광역시가 그것. 서로 연결＋연계＋인접성이 존재한다. 공존＋상존하고 있다. 특히, 지하철로 연계되어 있어 강력하다. 수도권이 포화상태인 이유다. 더욱이 수원, 용인, 성남, 고양시 등이 광역시에 눈독 들이고 있어 수도권의 포화상태는 걷잡을 수 없다.

광역시 하나 없는 강원도. 광역시가 세 곳이나 있는 영남지역(울산, 대구, 부산). 국토의 불균형이다. 개발에 관한 공부를 철두철미하게 해두어야 희생자가 되지 않는다.

중심상업지역(부동산 공법상 최고의 건폐율과 용적률을 자랑한다) 옆에 또 다른 중심상업지역이 형성될 확률은 낮다. 물론, 예외는 있다. 그러나 그 예외 속엔 불법과 로비가 숨어있어 보기 흉물스럽다.

땅의 주재료－자연, 대자연(예 돌, 흙, 물 등)

아파트(재건축 등)의 주재료－인간(예 시공자 선정의 비리와 추태)

개발지역에서 꼭 볼 수 있는 광경

'개발'을 쉽게 풀이하자면 '도시의 개발'이다. 그만큼 사람들은 도시를 선호한다. 도시가 개발되면서 개발예정지가 100% 개발되면 참 공평할 텐데, 꼭 개발지에서 제외되는 애물단지(?)가 생긴다. 부동산 주인, 국민, 주민의 개인적인 의견을 무시한 채 개발의 박차를 가한다. 개발지(도시화)에는 주거와 상업, 녹지 공간, 공업지역이 차례로 들어선다. 동시다발적으로 들어오면 좋겠지만 현실적으로 힘들다.

개발지역에서 꼭 볼 수 있는 모습은 산이다. 대한민국에서 가장 많이 개발되어 있고 정리 정돈되어 있는 서울특별시의 경우만 보더라도 종로에서 과거, 흰 호랑이가 살았다는 인왕산이 보인다. 우리나라에서 땅값이 제일 비싼 명동에서도 남산이 보이는 것이다.

이 두 산의 공통점은 절대 개발을 할 수가 없다는 것이다. 아무리 개발의 중심지라 할지라도, 중심상업지역이라 해도 산은 여지없이 1년 365일

아름다운 산세를 뽐내고 있다. 개발될 땐 녹지공간을 필수적으로 확보해야 한다는 법령의 힘을 무시할 수 없다.

명동에서 산이 보이는 광경 하나만 봐도 개발지에 삽질을 100% 할 수 없다는 게 증명된다. 다른 말로 표현하면 도시의 개발, 건설은 산을 끼고 산을 깎아 개발한다는 의미다. 산은 농지(전답, 과수원)보다 역사가 수천 년 앞서니 말이다.

기획부동산에서 땅을 사서 고민하는 사람을 많이 본다. 안타까운 점은 정식계약을 한 후나 잔금을 치른 후에 미심쩍은 부분을 문의한다는 점이다. 이에 따라 기획부동산으로부터 돈을 뜯기는 사례가 다반사로 일어난다. 기획부동산은 불법과 탈법행위를 저지른다. 기획부동산에서 땅 구입하기란, 악산소굴에 들어가는 행위와 같다.

임야가 집단으로 몰려 있는 땅은 우리나라에 아주 많다. 이런 땅은 대부분 맹지이다. 대부분 진입하기조차 곤란한 입지여건을 보유하고 있어 내가 사고자 하는 땅을 밟을 수가 없다. 기획부동산에서 이런 땅을 살 필요 없다. 굳이, 기획부동산 이용 안 해도 이런 쓸모없는 땅은 누구나 얼마든지 살 수 있기 때문이다. 기획부동산에서 악산을 구입하면 평생 후회한다. 악산을 높은 가격에 사면 3대 이상을 물려줄 수도 있다.

요즘 기획부동산에서 악산을 파는 곳은 주로 호재가 많은 곳이다. 춘천과 양평 등지를 알아볼 때는 장시간 투자해 잘 알아보도록 한다(특히, 양평은 경기도 31개 지자체 중 가장 넓은 곳이라 개별적으로, 개인적으로 알아보기가 만만치 않다).

주마간산 식으로 알아봤다간 큰일 치른다. 요즘도 보전녹지 옆의 온전한 자연녹지나 일반 주거지를 보여주고, 차후에 보전녹지를 주니 말이다.

내가 살 땅이 혹여 영원한 '산'으로 처량하게 남는 것이 아닌지 눈여겨 살펴라. 기획부동산 일당들이 이러한 애물단지를 팔아먹는다. 현지답사할 때는 명동의 상권이 형성될 곳을 보여주고, 등기가 나올 때는 다른 지번, 즉 남산으로 둔갑되어 나온다.

제2장

알짜배기 노하우

1. 좋은 부동산의 요건은 안전성이다

땅의 안전성 확보비법

대박을 노리기 전에 투자의 기본요소 중 안전성에 먼저 집중하라. 안전성이 확보된 상태라면 자연히 환금화가 이루어져 결과물(수익)이 생기기 때문이다.

땅의 안전성 확보를 위해서는 다음의 4가지 원칙을 지켜야 한다.

1. 4~5년이 평균적인 투자기간이라고 여겨라. 촉박한 마음은 버려라. 기준을 4~5년으로 정한 이유는 선거 때문이다. 후보자 입에서 희망이 줄줄 흘러나온다. 그 말에 따라 '미동+역동=폭등'을 예상한다. 개발 약속과 집값 안정을 말할 것이다. 유권자 모두들에게 감동시켜 표심을 잡겠다는 과욕이 들어간 공약이다.

과거에는 10년이 걸리던 국토이용변경, 즉 용도변환 · 전환이 5년 내에 해결된다. 급변하는 세상이다. 자연녹지가 전격적으로 주거지나 상업지로 변모하고, 농업보호구역(일명, 상대농지)이 갑자기 관리지역으로 격상되는 세상이다.

2. 여유자금으로 투자하라. 대출로 땅을 사면 위험할 수 있다. 땅은 장기간 돈을 묻어놓아야 하기 때문에 여윳돈으로 소액투자해야 한다. 소액투자란, 전 재산의 3분의 1 정도로 본다. 1억이 전 재산이라면 3,000만 원 정도를 예상한다.

3. 개발사항 알아보기. 큰 개발사항과 작은 개발사항을 보고 들어간다.

큰 개발–국책사업, 지자체사업, 민간개발사업 등
작은 개발–토지이용(건폐율, 용적률), 도로사항(지적도)

큰 개발은 내 손이 아닌 타인에 의해 움직이지만(간접적), 작은 개발인 토지이용은 내가 직접 하는 적극적인 작업이다.

4. 시세 알아보기. 땅은 정해진 가격이 없기 때문에 시세를 잘 알아봐야 살인적인 폭리에 희생당하지 않는다. A라는 부동산에서 50만 원, B부동산에서 10만 원 부르면 평균가격인 30만 원 정도로 매입결정을 한다.
즉, 시가와 호가의 평균치이다. 그밖에 이장이나 슈퍼주인, 촌부, 유지 등에게 발품을 부지런히 팔아 알아보는 데까지 알아본다.

위의 1번과 2번이 정신적인 면이라면 3번과 4번 사항은 물리적인 사항이다. 1~4번 전부 지키면 안전성이 확보된다. 실패율 0%(=성공률 100%)를 향해 항해할 수 있어 사람들로부터 큰 관심의 대상이 된다. 자연히 환금화가 이루어지는 것이다. 즉, 수익이 발생된다.

그렇다면 투자의 3가지 조건은 무엇일까? 건강한 삶의 조건은 쾌변, 쾌면, 쾌식이다. 잘 먹고 잘 싸고 잘 자기. 투자의 건강비법도 별반 다르지 않다고 본다. 인간이 투자하는 목적은 잘 먹고 잘 살기 위함 아니던가. 잘 먹고(투자, 매입) 잘 싸고(수익창출, 되팔기 작업) 잘 자야 한다(투자기간, 돈이 숙면을 취해야 한다).

이를 이룰 수 있는 방법은 안전운행뿐이다. 위험한 투자나 매입은 안 하는 게 더 낫다. 안전운행은 자신의 크기에 맞는 수익을 발생시킨다.

토지 = 인구 + 도로

땅은 양과 같다. 양은 시력도 약하고 힘도 없다. 이리떼에게 잡혀 먹히기에 딱이다. 하지만 목동에게 꼭 필요한 것은 양이고, 양도 자신을 보호해줄 목동이 필요하다.

땅도 인간의 힘을 필요로 하기는 매한가지다. 우리나라 국토는 정부와 지주들에 의해 관리 및 보전, 개발되고 있는 실정이다. 땅은 하드웨어, 무기체의 부동산인지라 사람 손을 적극 필요로 한다. 또한 땅은 세월이 변해도 영원히 존재한다. 아무리 변화시킨다 해도 지분치, 땅값은 존재한다.

땅의 변화 원인은 2가지이다. 땅의 생명은 도로와 인구이다. 도로 없는 땅과 사람 안 다니는 땅은 생명력이 없다. 사람 없는 땅은 자연 보호에 지나지 않는다. 사람이 들끓어야 땅의 가치가 높아지는 법이다. 흥정꾼, 개발자, 언론, 위정자 등의 머리가 현명하게 돌 때 땅도 예쁘게 돈다. 마치 경제의 수레바퀴가 도는 것처럼 말이다. 사람의 능력 차이가 극과 극으로 다르듯이 도로의 가치와 인구의 가치도 극과 극이다.

도로는 장식용도로(사치)와 꼭 필요한 도로, 2가지가 있다. 전자는 불필요한 도로로 위정자의 공약에 의해 생긴 유령도로이다. 후자는 개발과 더불어 당연히 생겨야 할 꼭 필요한 도로이다. 모든 개발에는 길이 필요하다.

우리나라엔 맹지가 여러 모양새로 전국에 있다. 방치되어 있는 땅도 많다. 도로는 비맹지와 맹지로 나뉘지만, 그중에서 맹지도 희망적인 맹지와 절망적인 맹지로 나뉜다.

전자는 진입도로 등 꼭 필요한 도로를 선호하는 맹지 인근에 산업단지 등이 생기면 연결 도로가 필요하다. ‘각종 편의시설이 필요하다’ 는 말은 ‘도로가 필요하다’ 는 뜻이다.

후자는 진입도로조차 만들 수 없는 악조건을 갖춘 밀림지역의 다른 말. 도로에는 함정이 숨어있다. 고속도로나 지방도로 등의 보기 좋게 만들어진 큰 도로에 가시가 있다. 아름다운 장미 속에 가시가 숨어있듯이 아름답게 만들어진 도로에도 숨어있는 가시가 있다. 조심하자. 수용 여부 및 접도구역의 가시에 찔리면 손해가 막심하다. 선조 땅이 아닌 경우,

수용당하면 '토지수용법'이라는 악법에 희생된다. 공시지가에 의해 감정평가를 하는 과정에서, 감정평가사의 감정이 안 들어갈 수는 없다. 이미 내려진 평가액에 이의 제기해도 별 차이가 없는 형국이다. 접도구역에 해당되면 원형보전의 원칙을 우선시해 보호·보존이 되어야 한다. 즉, 개발금지 명령이 떨어진다.

인구증가가 지역발전의 모토가 된 지 오래다. 어느 지자체든 인구에 예민하다. 인구엔 고정인구와 유동인구가 있다는 사실을 익히 알고 있을 것이다. 고정인구는 산업단지, 신도시, 택지개발지구(미니신도시) 등에 의해 형성된다. '단골손님' 역할을 한다.

유동인구는 관광인구로 뜨내기 손님 역할을 한다. 국립공원이나 도립공원 등에 일시적으로 형성된 인구이다. 지나가면 그만이다. 엑스포 행사 등의 각종 국제행사 및 국제경기 등에 의해 일시적으로 형성된 인구로, 행사(이슈)가 끝나면 일시적 거품만 형성하고 사라진다.

자연녹지의 성격

녹지는 크게 3가지 중 하나에 속한다. 생산녹지와 보전녹지 그리고 자연녹지가 그것이다. 이 중 자연녹지가 매력 있다. 비록 건폐율 20%, 용적률 100%의 초라한 모습이지만 잠재력만큼은 크고 넓다. 차후에 주거지 또는 상업지로 용도가 변환, 상승해 신분이 바뀌는 기쁨을 맛볼 수도 있다. 최소비용으로 최대효과를 노리기에 안성맞춤이다.

실제 자연녹지에 투자해 성공한 주부도 있다. 서산시 대산읍 영탑리 땅을 7년 전에 매입한 주부 강 씨(50)는 당시 자연녹지를 15만 원에 샀다. 그동안 토지거래허가구역으로 거래가 수월치 않았지만 서산 발전에 영향을 받아 지금은 호가만 60만 원 선이다. 인근 당진과 태안의 발전 영향도 간접적이지만 받고 있는 상황이다. 한때 자연녹지의 의미를 잘 몰랐던 강 씨는 자연녹지의 정의를 올바로 받아들인 후 마음이 편해졌다.

1992년에 분당신도시의 개발규모는 563만 평이었다. 그러나 현재는 594만 평 가까이 다가가고 있다. 이것은 자연녹지의 변화와 발전의 모형 때문이다. 자연녹지를 늘려 도시개발을 증가시킨 것이다. 자연녹지의 '자연' 은 대자연(大自然)으로 해석하면 안 된다. 재산권 보호, 활용의 모태가 됨을 뜻한다.

용인 자연녹지 땅을 사서 가든 짓고 장사하는 지인도 보았다. 단, 계획관리지역(건폐율 40%)과는 차별을 둔다. 도시지역인 대신 건폐율과 용적률 등 토지이용 한계 범위에는 차이가 있다. 그러나 철원의 자연녹지 땅 사서 가든 건축은커녕 재산권행사 못하는 경우도 있으니 해당 지자체에 꼼꼼히 문의해본다. 인기가수도 인기가수 나름, 수준 차이가 있듯이 자연녹지도 위치와 도로현황에 따라 수준 차는 크다. 지역별로 심한 격차가 있다. 용인과 철원에서 보았듯이 말이다. 30층짜리 건물이 강남에 있다면 자연스럽겠지만, 만약 강북에 존재한다면 이상하지 않은가.

녹지율이 갈수록 높아지고 있다. 신도시 건설 시, 녹지 공간 확보는 필수항목이다. 전체를 상업, 주거, 공업지역화할 수 없는 이유에서다. 단, 녹지의 보호냐, 활용이냐에 따라 그 가치(부동산 값)는 차이가 난다. 3기

이상의 신도시 건설 등 앞으로 건설되는 도시의 특징은 녹지 공간 확보의 크기이다. 아주 넓어지고 있다. 녹지율이 높아지면서 가격도 만만치 않아 그게 문제이다. 녹지의 활용은 불가피한 사항이다. 그것이 수도권에 밀집되어 큰 문젯거리이다.

녹지지역-자연환경, 농지 및 산림보호, 도시의 무질서한 확산 방지를 위해 녹지의 보전이 필요한 지역이다.(국토계획법 제38조-용도지역 구분 중에서)

보전녹지지역-단독주택과 주민생활에 필요한 최소한의 시설만 허용한다.

자연녹지지역-도시계획법에 의한 지역과 구역 중 녹지공간을 해하지 않는 범위 내에서 제한적 개발이 불가피한 경우에 지정되는 지역 또는 구역으로 연립, 다세대주택 건축이 허용된다.

지방자치단체 조례에 따라 그 용도를 규정한다. 자연녹지지역은 도시가 성장하면 주거지역이나 상업지역 등으로 전격 변동될 가능성이 있는 지역이다. 4층 이하 건축물만 허용 가능하다. 다만, 4층 이하의 범위 안에 '도시계획조례' 로 따로 층수를 정하는 경우, 그 층수 이하의 건축물만 허용된다.

지혜로운 매도 · 매수법

주위 부동산 부자들을 보면 간사하리만큼 최소비용으로 최대효과를 잘 노린다. 환금화를 잘 만들고, 경제원론을 잘 알고 움직인다. 서민과 다른 면이 엿보인다.

매도와 매수 방법만 보아도 알 수 있다. 매입할 때는 부동산의 단점과 맹점을 집중적으로 매도자인 부동산 주인에게 강조하여 부동산 가치를 깎는다. 최소비용으로 움직이고자 하는 열망이 대단하다.

매도할 때는 반대이다. 부동산의 장점을 부각시키는 집중력을 보여 최대의 효과를 맛본다. 부동산의 고수다운 행동을 보인다. 차기 부동산 주인인 매수인에게 부동산의 개발청사진을 과대포장, 잘 인테리어해 100원 받을 걸 110원까지 받는다. 포장하는 기술이 뛰어나다. 하얀 거짓말을 잘하는 기술이 부동산 부자가 되는 지름길인양 부동산 부자는 말을 조리 있게 참 잘한다. 부동산 부자의 특징은 지혜롭고 달변가라는 사실. 자신감이 차고 넘친다. 자신감의 최대 적은 자만과 교만인 것을 잘 아는 부자도 상존한다.

정치인의 재산이 2배가량 급증한 배경과 이유가 뭘까. 부동산 재테크의 1인자임에 틀림없다고 본다. 편법이 지름길이라는 사실을 누구보다 잘 인지하고 있다. 부동산의 편법과 탈법은, 부자들이 많이 애용한다. 엄연히 불법과 다른 형태이다. 편법을 설명하기 위해, 이해를 돕기 위해 오토바이와 승용차를 비유하고자 한다.

오토바이-인도와 차도로 다 다닐 수 있다. 융통성이 있어 스피디하다.

승용차-인도로 절대 못 다니는 상황이라 안전성은 오토바이보다 유리하

지만 발이 느린 편에 속한다.

오토바이는 편법과 탈법을 사용할 수 있고, 승용차는 편법과 탈법이

어렵다. 편법과 탈법은 구속 대상이 아니나, 불법은 구속 대상이다.

땅의 장점과 단점 찾기

땅 투자 시, 땅의 장단점을 찾는 것은 당연한 일이다. 땅의 장점은 대

략적으로 찾아도 되나, 맹점은 살인사건 수사하듯 아주 정밀하게 캐내

야 한다. 왜? 장점과 매력은 잘 보인다. 안 숨어있다. 땅은 장점도 중요

하지만, 맹점이 더 중요하다. 땅의 맹점 때문에 실패하는 사례가 많아

서다.

땅의 장점은 거시적이지만 언론에 많이 보도되어 투명성이 어느 선에

서 확보된 상태다. 그러나 단점은 숨어있다. 그래서 좀처럼 찾기가 쉽지

않다. 땅의 단점은 규제이다. 그 규제에는 장기적인 규제와 한시적 규제

가 있다. 문제는 전자에 있다. 군사시설보호구역이나 상수원보호구역 등

의 강력한 규제. 후자는 별 문제가 없다. 토지거래허가구역, 토지투기지

역, 주택거래신고지역 등의 규제에서 해방되면 땅값 급등현상의 악순환

(?)은 반복된다. 규제와 해제를 반복하면서 땅값은 오른다.

땅의 규제를 연구, 모색하는 길이야말로 투자자·매입자가 풀어야 할 큰 숙제이다. 땅의 단점의 수위에 따라, 강도에 따라 매입·투자를 결정한다. 단점 없는 완벽한 땅 찾다가 평생 매입하지 못한 사람도 많다. 결단력 부족이 부른 결과이다. 부동산 중 완벽한 것은 없다. 부동산 공법상 최고의 상품가치를 보이는, 즉 최고의 용적률과 건폐율을 자랑하는 중심상업지역에도 맹점(=잠재력)이 숨어있다. 오를 만큼 오른 것 같지만 오르는 일이 다반사로 일어난다. 오른다는 말은, 맹점이 장점화가 되었다는 방증이다. 아무리 부동산 가격이 높다 한들 하늘 아래 뫼이로소이다. 사람들이 부동산에 투자하는 큰 이유 중에 하나이다.

부동산이나 땅 매입을 생각한다면 먼저 장단점 파악에 신경을 써야 한다.

예컨대, 경기 양평 양서면 땅을 매입한다면 양서면의 장점과 맹점을 찾는 일에 전념하시라. 물론, 장점의 수가 단점의 수를 크게 압도해야 함은 당연지사이다. 단, 단점 안에 잠재력이 들어가 있어야 괜찮다. 즉, 단점의 장점화를 의미하는 거다. 단점은, 장점의 전초전이어야 한다. 큰 단점, 고집불통의 강한 규제는 장점화가 힘들다. 불가능도 그 수위가 있다. 불가능을 가능으로, 무(無)를 유(有)로 변모시킬 만한 재료가 있어야 한다. 기대가 충만한, 기대에 충실한 단점은 대환영이다.

'접근성이 좀 떨어진다!'

작은 단점이다. 접근성은 지주의 지혜에 달려 있다. 서울 거주자가 제주도 땅을 보유하고 있다면 접근성에서 문제가 노출되기 때문에 문제점을 스스로 풀어야 한다. 단점도 단점 나름, 스스로 해결 가능한 단점은 차후 장점이 될 수 있어 잠재력이 있는 것이다. 그 반대는 힘들다. 스스로 해결 안 되는 단점은 자유가 없는 것이다. 자유롭지 못한 부동산과 땅은 매입하지 말도록 하자. 부동산의 장단점 찾기는 매우 중요하다.

건강한 땅과 병든 땅

비전이 있고 잠재력 충만한 땅이 건강한 땅이다. 물론 그 반대의 조건을 가진 땅은 병든 땅이다. 건강한 땅의 조건과 병든 땅의 조건을 살펴보도록 하자.

부동산 원리원칙 내가 만들어 내가 지킨다.

건강한 땅	병든 땅
단기규제에 포함된 땅. 풀리자마자 급등현상을 동반할 수 있어 수익창출이 가능한 땅이다.	강한 장기규제
희망적인 맹지. 인근에서 산업단지조성사업을 하고 있다면 미래가 밝다. 곧 도로와 인구가 급증할 것이다.	절망적인 맹지. 진입도로조차 만들 상황이 안 될뿐더러, 그 도로를 필요로 하지 않는 상황
활용도 높은 도로	장식용 도로, 단체장의 공약에 의해 억지로 만든 불필요한 유령도로
단기계획(실현 가능, 위정자 임기 내서 움직인다.)지역	장기계획(유야무야 현상 동반. 공사, 사업기간이 장기간이므로 사업자금이 천문학적이다. 국세, 지방세 외에 민간에서 거둘 세금이 만만치 않아 불안하고 미래가 불투명하다.)지역

건강한 땅	병든 땅
고정인구 증가지역	유동인구(관광인구) 증가지역. 유동인구는 겉만 화려한 실속 없는 인구이다. 병든 지역을 만드는 요인이 될 수 있다. 국립공원 등은 겉은 대단히 화려하다. 묻지 마 관광뿐 아니라 묻지 마 투자도 동반될 수 있다.
공장, 산업단지 급증지대로 근로자 수가 많은 지역	자동화 산업단지로 기계가 많아 근로자의 수가 적은 지역
경제활동인구(14세 이상 65세 이하)가 많은 지역	비경제활동인구(65세 이상)가 많은 지역
아이 울음소리는 발전, 개발의 목소리이다.	폐가와 폐교가 많고, 인구이동(유출)이 잦아 캄캄한 미래가 예상되는 지역
미니신도시(택지개발예정지구) 난발지대가 아닌 지역	개발 난발지대(악성 미분양 급증지대)
시 같은 군은 미래가 밝다. 곧 시가 될 것이다. 광역시 같은 시도 밝다. 군 같은 읍도 똑같은 상황. 읍 같은 면도 좋다.	반대의 경우는 어둡다. 군 같은 시, 읍 같은 군, 면 같은 읍
매년 인구가 증가하는 곳	꾸준한 인구감소 현상이 나타나는 곳은 미래가 불안하다. 먹거리, 일거리, 볼거리 등 관심거리에 의해 승부는 갈린다.
휴한지, 휴경지가 적은 곳	휴한지, 휴경지가 많다는 것은 놀고 있는 사람이 많다는 것이다. 실업자와 노숙자가 많은 곳의 미래가 어떨지는 짐작 가능하다.
자연스럽게 용도변경되는 곳. 자연녹지지역이 주거, 상업화로 전격 변모하는 곳의 땅은 개발속도가 매우 빠를 수밖에 없다.	불법 용도변경을 하는 곳의 미래는 불안하다. 원상복구에 많은 시간을 필요로 하고, 단체장이 구속된다. 당연히 개발이 더뎌진다.
산악지대와 밀림지대가 적다. 입목축적도(산림의 울창도)와 경사도가 융통성을 발휘해 활용도가 높아야 미래가 밝다.	산악지대, 밀림지대

부동산 구입 전에 꼭 알아야 할 사항

1. 사고자 하는 땅의 개발사항을 구체적으로 따져보고 나서 투자하라. 시 · 군청 방문은 필수이다. 개발사항과 관련된 부서에 꼭 들러라. 시 · 군청이 바쁘면 읍 · 면사무소에 들러서라도 개발사항은 분명히 알아보자. 시 · 군청보다는 읍 · 면사무소가 조금 한가할 것이다.

2. 알아볼 사항이 구체적이고 계획적이어야 한다. 대충 알아볼 거라면 아예 방문을 포기하라. 아니, 투자를 포기하는 편이 먼 장래를 위해 마음 편할 것이다.

예를 들어보자. 수질보전특별대책 1, 2권역이라면 환경과에 들러 그 개발 한계수위를 알아보는 것이다. 개발면적이나 조건이 분명히 있을 것이다. 보전산지는 산림과에 들러 개발 여부와 개발면적 사항을 체크한다. 단, 공익용보전산지는 냄새조차 맡을 필요 없다. 개발이 불가능하기 때문에 사면 위험하다. 서류상 '공익용' 으로 표시되어 있다면 굳이 방문할 필요 없다. 개발의 한계가 분명하다는 뜻이다.

3. 지적과, 농지과, 토지관리과, 건축과 등에 들러 내가 사고자 하는 지역의 개발사항, 토지이용의 범위, 한계선을 구체적으로 관찰하자. 잘 알려주지 않고 비밀에 부치는 지자체가 있다면, 그 지역 땅엔 투자하지 않으면 그만이다. 깊게 고민할 필요 없다. 투자할 곳은 넘쳐나고 지자체에서는 서로 자기네 지역에 투자하라고 손을 크게, 적극 벌리고 열을 올

리는 판국 아닌가. 전국적으로 지역홍보전이 치열하고 방문을 환영하고
있다.

　4. 개발사항을 알아볼 때의 주의사항 중 전화문의는 절대 사절이다.
개발사항이 와전될 수 있기 때문이다. 공무에 시달리는 공무원은 불친절
할 수밖에 없다.

　5. 확실한 부동산 정보를 얻고자 한다면 공무원을 자주 만나라. 단, 친
하게 지내되 소액이라도 돈 거래 같은 건 절대 사절이다. 주는 자, 받는
자 모두 가차 없이 구속감이다. 일단 만나서 할 일은 서로 '지역발전'에
관한 이야기다. 지방자치시대와 지방분권화시대이기 때문에 가능한 일
이다.

　지자체에서는 자기 지역의 대대적인 홍보와 그를 통한 지역개발에 박
차를 가할 게 분명하니 투자자는 이를 자연스럽게 이용하는 것이 좋다.
공무원과 식사나 술자리(여기까지 도달하려면 부단한 노력이 필요하다)
에서 나누는 거시적 이야기가 차후에 구체적으로, 미시적으로 변화될 것
이다. 즉, 대형개발사업 얘기를 듣다가 차츰 내 땅, 내가 매입코자 하는
땅 주위로 자연스럽게 좁혀 이야기를 유도하는 것이다. 낙후된 오지지역
일수록 유리하다. 개발에 목말라 있기 때문이다. 물론, 미시적인 질문(건
폐율＋용적률)을 먼저 해도 상관없다. 순서가 정해진 것은 없다. 이런 작
업이 결코 쉽지만은 않지만 토지투자 실패 사슬에 묶이지 않으려면 이런
노력 정도는 가볍게 해야 한다. 단, 내가 부동산에 대해 '준전문가' 수준

이 된 상태에서 공무원을 만나라. 초보 상태에서 만나봤자 공무원에게 일방적으로 교육만 받고 말 것이다.

이참에 공무원 1~2명 알아두자. 자유민주주의 국가에서 주인은 국가가 아닌 국민이요, 지방자치제도를 시행하는 국가 주인은 주민이다. 내 집(시청 등)에 내가 들어가는 것이다. 내가 공무원(머슴)에게 월급(혈세)을 주고 있지 않은가. 단 한 차례도 체불임금 없이 말이다.

6. 개발유무를 확실히 알아봤다면 시세를 알아보자. 땅의 환금화가 어려운 것은 업자의 폭리에 희생당하기 쉽기 때문이다. 1만 원짜리 땅을 수십만 원에 팔아버리는 업자도 있는 위험한 세상이다. 지역 이장에게 묻는 편이 좋다. 지역담합 여부도 파악하고 말이다.

7. 기획부동산과 지역부동산의 불미스러운 유착관계를 주의하자. 지역부동산이 투기조장에 일조해 기획부동산에 '싼 물건'을 공급하는 악순환 반복을 막아야 한다.

대한민국은 안 좋은 땅(놀고 있는 땅=활용 안 하는 땅), 싼 땅이 많다. 투자에 실패하는 원인이기도 하다. 개발 불균형 국가임에 틀림없다.

투자자를 성형수술 받을 환자라고 했을 때 훌륭한 의사의 진단(컨설팅)을 요한다.

성형수술의사＝공무원(토지 이동)

완벽한 인간이 존재할 수 없는 것과 마찬가지로, 완전한 땅은 있을 수
없다.

땅값 올리는 주재료와 걸림돌

땅값 상승의 재료

거시적인 재료–대통령의 입모양(대통령중심제 국가에선 국가원수의
말에 힘이 들어가 있다. 그 힘을 누가 잘 활용하느냐가 중요변수), 정치인
의 입모양 크기(각종 개발과 완화에 관한 크고 작은 약속들), 정부의 입.

고속도로와 전철공사가 전국적으로 시행되고 있다. 땅값 상승 중이라
는 이야기다. 땅값 상승을 준비 중인 땅도 여럿 된다. 지방자치제도가 정
확하게, 제대로 시행되고 있지 않은 현실이 못내 아쉽지만, 시장과 군수
의 제도 활용 내지 악용으로, 그들의 입모양 크기에 따라 땅값은 움직인
다. 전국적으로 251개 지자체에서 각종 산업단지(일반, 농공, 지방산업단
지 등)를 공사 중이다. 역시 땅값 상승 중이라는 표증이다.

미시적 재료-지주의 과욕이 지대하다. 그 근거는 분명하다. 위의 거시적인 자료가 계획되어 있기 때문이다. 언론의 몫이 크다. 거시적인 재료에 입각해 지주의 의지에 따라 땅값이 요동치고 있으며 건폐율과 용적률 등 토지이용에 따라, 활용에 의한 폭등+앙등현상이 목격되고 있다.

땅값 상승의 걸림돌

거시적 사항-개발의 백지화 및 임기 내 개발약속을 공염불화시키는 일부 위정자들의 무책임한 행동과 개발에 관한 나약한 의지. 여기에 덧붙여 도덕적 해이가 큰 걸림돌로 작용한다. 자신의 개인 재산축적에만 몰두한 나머지 지역 식솔들을 나 몰라라 한다. 이러한 단체장의 행동은 땅을 죽이는 역할을 한다.

미시적 사항-없다. 지주치고 땅에 대해 욕심 안 부릴 자는 없기 때문이다.

좋은 부동산의 2가지 요건

좋은 부동산의 조건은 많지만, 이것만이라도 제대로 알면 좋다. 다음 2가지가 급소이다.

1. 상식적인 가격

우리나라 부동산은 공산품이 아닌 이유로, 살인적인 폭리가 난무하는 가운데 거래가 이루어져 심각한 문제가 발생되기 쉬운 구조이다. 가히 상식을 파괴하는 가격으로 거래가 버젓이 이루어져 있어 골치 아프다. 가격이 상식선에서 만들어져야 하는데도 불구하고, 엽기적인 가격으로 만들어져 개미들을 상대로 횡포를 부린다.

반대로, 개발사항은 상식선에서 움직이면 수익률이 낮아진다. 평범한 개발사항과 미시적인 개발사항과는 별개이다. 상식적인 개발사항은 언론으로부터 또는 인터넷에서 얻은 개발정보를 의미한다. 엽기적인 개발사항은 내가 손수 알아봐야 할 수 있는 창조적인 요소인 것이다. 나만이 알고 있는, 즉 창조적인 개발정보인 것이다.

결론적으로 내 땅의 팔자는 내가 직접 리모델링해야 한다. 내 땅을 내가 건드리지 못한다면 그 얼마나 괴롭겠는가! 마치 내가 고른 마음에 드는 옷을 못 입는 경우와 같은 것이다. 말만 내 땅이지 아무런 의미 없는 땅은 보유하지 않는 것이 낫다. 괜한 자존심과 기대감만 생긴다. 괜히 땅 보유세만 내면 억울하지 않은가. 땅 보유자는 공시지가 오름에 따라 건강보험료도 상승한다. 땅 보유한 죗(!)값으로 건강보험료를 더 내는 것이다.

내 땅 경기 광주 도척면 궁평리 땅의 공시지가도 지난 10년간 매년 올라 건강보험료 역시 꾸준히 오르고 있다. 올해도 땅값폭등과 더불어 많이 올랐다. 건강보험료가 너무 자주, 오름폭이 커 공단에 가서 따져보면 매사 돌아오는 대답은 하나다.

"당신이 가지고 있는 땅값이 올라서 보험료가 많이 나오는 겁니다!"

부동산 투자 성공률 높이는 방법

부동산 투자의 성공률을 높이기 위한 방법은 실패율 0%를 향해 차근차근 나아가는 것이다. 자신의 경제사이즈를 파악한 후 속도를 지킨다. 과속(과욕)은 사고(실패)율을 높일 뿐이다.

'실패율 0%에 도달할 수 있다' 는 말은 성공의 다른 말이다. 그러나 '실패율 0%＝성공률 100%' 는 존재하지 않는다.

이를 이해했다면 성공할 자격이 있다.

주의＋주의＋…＋실패율을 줄이는 노력＝안정화

안정화를 위해서는 부동산 공부를 열심히 해야 한다. 아는 게 힘이다. 모르면 당한다. 그 힘은 안정성 선점이다. 실패율을 최소로 줄이는 방도가 성공률을 자연스럽게 높이는 방도인 것이다. 실패율을 줄이면 줄일수록 성공률은 자연스럽게 높아질 수밖에 없다. 무조건 성공을 향해 달리면 난관에 부딪칠 수 있다. 기대가 크면 실망은 더 큰 법 아닌가. 복잡하게 생각하지 말고 부동산 재테크 3대 원칙 중 하나라도 제대로 지키면 된다. 안전성, 환금성, 수익성 중 안전성만 지키면 된다는 의미이다.

투자의 안전성에 집중, 매진하다 보면 어느 순간부터 자연스럽게 환금화가 이루어지면서 수익이 발생된다.

환금화 = 수익성

아이러니한 것은 실패율 줄이는 방법은 정확하지만, 성공률 높이는 방법은 부정확하다는 것이다. 변수가 많아 미래는 불투명하기 때문이다.

그래서 브레이크가 필요하다. 대박을 노리는 한탕주의자는 브레이크 없는 자동차와 같다. 정지하거나 후진할 때 죽을 수 있기 때문이다. 브레이크(자제와 절제) 없는 자동차(대박)에 오른 자는 목숨 건 자들이다. 화려해 보이고 비싼 스포츠카는 위험하다. 스피드를 자랑하지만, 그 수명은 짧다. 10분 먼저 가려다가 당장 죽을 수도 있다.

'대박' 의 반대어는 '피박' 이다. '대박' 과 '도박' 은 같은 단어다.

투자 성공자가 극소수인 이유

투자해 돈 번 자가 별로 없는 이유가 있다. 과욕 때문이다. 만족을 알아야 하는데 그게 어렵다. 1개를 얻으면 2개를, 2개를 가슴에 품으면 3개를 원하는 것이 사람의 본성이다. 초기 투자에서 재미를 보았다면 수익금 관리에 들어가야 하는데 2차, 3차 계속해서 욕심이 커져 투자가 투기로 돌변한다.

강 씨는 땅으로 5년간 1억의 투자수익을 보았다. 그러나 업자 소개로 그 1억을 뻥튀기하고자 과욕을 부려 땅에 묶여 오도 가도 못하고 있다. 만약, 강 씨가 1억 중 3,000~4,000만 원만 재투자했다면 사정은 다르다. 리스크를 줄일 수 있어 진퇴양난에 빠지지는 않았을 것이다.

재미를 보았든 좋은 시절이 있었든 사람들이 결과적으로 실패하는 경우가 많다. 실패 이유는 마찬가지로 과욕이다.

소액투자자에서 거액투자자로 변신, 도박화된다. 돈 놓고 돈 버는 스타일로 변하면 주관을 상실한다.

"1억 투자해 2배 오르면 2억 되지만, 2억 투자해 2배 오르면 4억 됩니다. 순간의 오판으로 돈 왕창 벌 기회를 잃은 것입니다. 2억 손해 보는 거 아닙니까?"

한 업자의 브리핑 중 일부이다. 상술치곤 치졸하기 짝이 없다. 날 선 공방을 업자와 안 하고 자신과 한다는 게 문제다. 판단 미스는 실패를 부른다.

결론은 '적게 투자해 적게 벌자' 는 것이다. 많이 투자해 왕창 벌자는 의중은 도박하겠단 다짐과 같다. 적게 투자해 왕창 벌자는 의중도 위험해 보인다. 현실감이 떨어지니 하는 소리다. 투자는 현실이다. 꿈꾸지 말자. 일장춘몽의 단잠에서 깨어나자.

2. 부동산의 변수는
   가격 폭을 넓게 만든다

간혹, 지목이 농지인데 왜 대지보다 더 비싸냐는 사람이 있다. 부동산을 모르고 하는 말이다. 예를 들어, 밭을 보자.

밭이 놓인 상황과 환경에 따라 가치는 천양지차로 달라진다. 밭 주위가 온통 밭으로 도배되어 있다면 문제다. 하지만 창고용지나 공장용지, 대지 등이 분포되어 있다면 그 가치는 보통 밭보다 훨씬 가치가 높다. 지목이 다양하게 활용될 수 있기 때문이다. 임야 또한 임야 투성이의 상태라면 재고의 여지를 남긴다. 그러나 임야 인근에 다양한 지목이 있고, 개발이 활발하다면 임야의 가치는 크다 할 수 있겠다. 임야의 가치도 천양지차이다.

부동산은 용도, 접근도, 환경이 지목보다 훨씬 중요하다. 지목이 대지일지라도 무인도에 놓인 대지는 가치가 있을 수 없다. 그곳이 밭이라도 용도와 접근도, 그리고 환경이 뛰어나다면 대지 그 이상의 가치가 있다. 대지라도 규제사항이 있는 곳의 대지면 소용이 없다.

지목이 비록, 임야나 농지일지라도 규제사항이 없는 곳의 지목이라면 규제사항이 있는 대지보다 가치가 크다.

'밭인데 왜 비싸요?'

우문이다. 밭이 어디에, 어떠한 상황에 놓여 있는지를 보고 판단해야 한다. 무인도에 있는 밭과 수도권 역이 들어설 곳의 밭은 가격과 가치가 다를 수밖에 없다. 수도권 역이 생길 곳의 밭을 보고 '왜 가격이 백 단위입니까?' 하고 따진다면 도저히 땅을 살 수가 없는 것이다. 가치를 모르니 말이다. 임야도 임야 나름이다. 악산의 임야가 있는가 하면, 야산 수준의 임야가 상존해서다. 후자는 석연치 않은 대지보다 오히려 낫다.

경기도 광주의 경우, 야산을 깎아 전원주택을 마구 지어대고 있어 인근의 농지도 덩달아 가격이 뛰고 있다. 주의할 점은, 임야의 수위가 야산이라도 주위 환경이 개발할 만한 조건이 아니라면 매입하지 않는 편이 낫다는 것이다.

개발지역을 알아보는 방법

참 답답한 것은, 부동산의 세금이나 법률문제를 업자들에게 묻는 사람들이 많다는 것이다. 업자들이 정확히 알 리가 있겠는가. 각 지자체 조례가 각기 달라 잘못하면 땅에 생돈을 묻어버릴 수도 있다. 세무사나 변호사, 법무사들이 꼭 필요한 이유가 있다. 세금문제나 부동산 공법과 관련된 사항은 업자에게 묻는 게 아니다.

세금문제는 관청 세무과 공무원에게 물어보면 친절하게 상담받을 수 있다. 무료상담이면서 100% 정확한 답변을 얻을 수 있으니 말이다. 공법 등 법률 역시 관청의 토지이용 담당공무원에게 묻는 게 100% 정확하다. 법무사에게, 변호사에게 묻느니 공무원에게 물어라. 유료상담을 받고도 부정확한 답변을 듣는 경우도 있으니 말이다.

개발이슈 알아보는 출구, 창구

1. 시청, 군청

2. 읍 · 면사무소

3. 구의원 및 시의원

4. 이장(인근 이장 포함)

공무원 1~2명을 구면으로 만들어라. 공인중개사 100명보다 아는 공무원 1명이 낫다. 자주 들락거릴수록 좋은 곳은 다음과 같다.

1. 시청, 군청(방문 목적―큰 개발과 작은 개발사항 문의)

2. 읍 · 면사무소

3. 기초의회 회의장(방청석)

구의원과의 술자리를 마련해 지역발전 및 재정을 이야기한다. 혹은 구의원의 국회출마 등에 관한 미래를 걱정해주며 공감대를 형성시킨다. 어느 정치인이든 자신의 정치생명의 연장을 돕는 자를 좋아하기 마련이다.

젊은 여자와 젊은 땅

젊은 여자, 젊은 땅은 사람들을 끌어들이는 힘이 있다. 들끓게 만든다. 사람들을 유혹할 수 있는 커다란 원료가 될 수 있다. 순간적으로 오판하게 만든다. 따라서 투자를 수월하게 만든다. 특히, 만물이 소생하는 봄이나 여름, 노출의 계절에 투기판이 일시적으로 벌어지기도 한다. 노출은 투명과 무관! 단지, 돈 쓰게 만드는 동력 역할을 할 뿐이다.

젊은 땅—큰 잠재력이 있는 땅
늙은 땅—장기간 규제 속에 시름시름 앓고 있는 땅

군사시설보호구역의 땅은 늙고 병든 땅을 대표한다. 북한의 마음을 헤아릴 수 없으니 말이다. 이밖에 상수원보호구역이나 국립공원을 끼고 있는 그린벨트, 보전녹지, 보전산지, 문화재보호구역 등은 늙어만 간다. 단, 토지거래허가구역 등 단발성 규제에 묶여 있는 땅은 늙은 땅으로 치부하지 않는다. 규제 기간이 짧아, 규제에서 해방되는 날에는 새롭게 도

약할 수 있기 때문이다. 통상적으로 부동산 가치의 변화는 부동산 가격의 상승을 의미한다.

젊다는 것은 희망과 소망의 재료를 품고 있다는 것이다. 땅은 먼저 장기 투자종목이라는 사실을 인지한뒤, 젊고 싱싱한 땅을 찾고자 노력해야 한다. 지장정착물에 비해 장기간 묻어두어야 하지만, 지상물에 비해 투자금액은 적다.

'투자' 는 미래가치의 다른 표현이다. 늙은 부동산을 대표하는 재건축, 재개발, 뉴타운 개발지역을 눈 여겨 보느니 차라리 젊은 땅 보러 가는 편이 낫다. 전자는 개인이 할 수 있는 개발이 아니지만(국가의 명분 사업) 후자는 개인이 활용할 수 있는 재목이기 때문이다. 개성 발휘할 수 있는 기회, 무대가 제공되는 것이다.

우리나라 땅값의 특징

우리나라 땅값의 특징 중 하나는 그 종류가 다양하다는 점이다. 땅값 종류는 점처럼 퍼져 있을뿐더러, 타인의 간섭을 절대 배제한다. 관여하면 난리가 난다. 지주들이 일제히 반기를 들 수도 있다. 짚고 넘어가야 할 점은 평(3.3m²)당 200만 원짜리보다 평당 2만 원짜리 땅이 훨씬 많다는 것이다. 이 말은 괜찮은 땅보다 맹지소굴이 훨씬 많다는 것을 의미한다. 땅 투자가 만만치 않은 큰 이유 중 하나라 할 수 있다.

200만 원짜리 땅은 대부분 단기투자용으로 악용 혹은 선용될 수 있다.

거품만 낀 가격이 사람 죽인다. 몸(개발사항) 따로 손발(가치) 따로인 경우를 주의해야 한다. 2만 원짜리 땅은 장기투자용(미개발)으로 토지이용이 힘든 땅이 많다. 물론 괜찮은 땅도 간혹 존재한다.

우리나라 땅값의 가장 큰 특징은 지주 마음대로 정한다는 것이다. 이 말은 좋은 가격에 매입할 수도 있다는 말과 같다. 그 특징을 잘 살리면 좋은 투자가 된다.

부동산 투자의 성공 재료

부동산 부자들과의 술자리는 가난한 사람들과의 술자리와 확연히 다를 수밖에 없다. 그들을 통해 부동산 투자에 관한 성공 재료들을 얻을 수 있다.

1. 절대 긍정. 불평과 불만이 없다. 부정적인 사람과는 교류하지 않는다.

2. '사람＝돈' 이라는 등식을 확고히 믿고 다진다.

3. 투기 대신 투자, 매입이란 단어를 선호한다.

4. 유머감각이 몸에 배어 있다. 표정이 밝아 많은 사람들이 따른다.

5. 투자 시기를 본인이 결정한다. 심사숙고하지만 판단력이 빠르다. 자신의 결정을 후회하지 않는다. '털모자를 여름에 구입한다' 는 진리를 실천한다. 불경기를 역이용하여 틈새시장을 연구한다. 이들에게 불경기

란 없다.

6. 부동산 공부로 끝나지 않고 행동으로 보여준다. 평생 부동산 공부만 한 자와 비교해 보라.

7. 세무과, 토지이용 담당공무원과 친분이 두텁다.

8. 초능력 대신 자신의 능력을 믿는다.

초능력＝복불복

자신의 능력＝노하우, 경륜

9. 자제력과 집중력이 강하다. 급소를 파악하고 집중한다.

10. 최소비용으로 최대수익을 뽑으려고 한다. 희망적인 맹지, 그린벨트(취락지구), 토지거래허가구역 등 약점 있는 곳을 집중공략하고 공부한다. 최소비용으로 움직여야 하기 때문이다. 돈 놓고 돈 먹기 식 도박행위는 하지 않는다.

최소비용＝약점

부자는 이 약점을 장점으로 승화시키는 능력을 타고났다.

우리나라는 맹지천국이다. 가용 토지가 5%에 불과한 개발도상국가이다. 수도권 외의 지역은 미개발 오지 수위!

큰 도로(고속도로, 국도 등)에 접한 땅만 찾을 필요없다. 땅을 사는 목적은 대부분 최소비용으로 최고수익을 바라는 것이니 말이다.

큰 도로에 붙은 땅, 100% 완벽할 것이라는 착각은 하지 말자. 공익사업을 위한 개발을 위해 수용당하는 날에는 손해가 막심하다. 큰 도로에 접한 땅을 비싸게(평당 200만 원) 매입했더니 지자체에서 공익사업을 한다는 명분으로 수용! 수용가, 즉 보상비는 위로금조로 50만 원이 책정되었다. 투자 목적으로 땅 샀지만 자그마치 평당 150만 원 손해를 본 경우다.

잠재력이 있으면서 소액투자가 가능한 종목

좋으면서 싼 땅은 절대 존재할 수가 없다. 따라서 소액으로 부가가치(잠재력) 있는 땅을 사기 힘들다. 싸면 하자(결점)가 있을 수밖에 없다. 비싸면서 좋은 땅(택지 등)은 많다.

하지만 총 투자액이 적으면서 부가가치가 뛰어난 땅을 잡는 비법도 존재한다. 부가가치가 있으면서 소액으로 움직일 수 있는 부동산 종목은 땅이다. 분할, 지분이 가능하기 때문이다.

예를 들면 초역세권 땅을 1,000만 원 선에서(총 투입비용) 매입했다. 평당 200만 원짜리 땅을 5평 지분 매입! 총 투자액이 부담이 없다. 단, 주의할 점이 있다. 단기 내 빠져나오지 않으면 위험할 수 있으니 공유지분자끼리 빠른 시일 내에 결과물을 창출한다. 공유지분은 시간을 끌면 끌수록 불리할 수 있다. 땅값 오르는 것과 상관없이 거래, 즉 매도 시에 문제가 발생될 수 있다. 사전에 매도시기에 관한 설명이 들어간 새로운 계약서를 주고받는 게 좋다.

반면, 아파트 재건축 지분이나 재개발, 뉴타운 지역의 지분은 분할이 어렵다. 지자체에서 우선 가만히 놔두지 않고 간섭을 강하게 한다. 정부 차원에서도 강하게 관여한다. 조합원들의 비리가 항시 존재한다.

특히 아파트 재건축 지분은 분할 자체가 버겁다. 가치상승이 불투명한 가운데 총 투자액이 큰 부담으로 남는다. 지분값, 지분치가 평당 2,000만 원(개포동의 어느 지역은 지분치가 2,000만 원 이상) 호가하는 곳이 많다. 총 투자액 1,000만 원대로 지분 투자할 수 있는 땅 투자와 큰 차이가 있다.

단기투자 상품은 서서히 지고 있다. 보유기간이 짧은 상태에서 날로 먹겠다는 과욕이 문제다. 짧은 기간 내 수익을 보는 경우는 소문과 거짓이 난무한 경우이다. 입으로 가격을 올리지 않고서는 단기간 수익이 발생할 수가 없다. 과거, 아파트 전매가 그 좋은 실례다. 그래서 요즘 장기투자 상품인 땅이 대세다. 땅 보유기간 중(장기일 수밖에 없다) 상승효력을 볼 수 있고, 보유기간이 오래될수록 잠재성, 장래성은 밝아진다.

부동산을 단기간 내 투자수익 보겠다는 마음은 털 안 뽑고 닭 잡아먹겠다는 무리한 다짐이다. 부동산은 장기간 보유한 후, 투자 수익을 바라야 한다.

좋은 땅을 소액투자하고자 하는 분들은 '혼자서 하는 100%의 노력보다 100명이 하는 1%의 노력을 선택하는 것이 낫다' 는 조언을 잘 이해해야 한다. 이를 이해 못하면 좋은 땅 구입 시 많은 돈을 투자해야 한다.

수도권 땅을 되팔기가 수월한 이유

수도권 땅이 좋은 이유는 무엇일까? 그 답은 지방 땅에 비해 많을 것이다. 그중 하나가 지방 사람들에게도 인기가 있다는 점이다. 수도권의 명성을 지방에서도 익히 듣고 자란다.

예컨대, 서울에 사는 사람이 전남 목포에 땅을 샀다면, 되팔기 수월치 않을 것이다. 앞서 말했듯 서울에 살지만 빠른 환금화를 위해선 전남, 목포지역과 그 인근 부동산업소에 내놓는 것이 수도권 지역에 내놓는 것보다 훨씬 유리하다. 근접 및 접근성 때문이다.

반대의 경우도 보자. 목포에 사는 사람이 경기 이천에 땅이 있다 치자. 환금화가 수월하다. 목포에 사는 지주는 이천 땅을 굳이 이천에 내놓을 필요 없다. 자신이 거주하는 목포 등지에 내놓아도 환금화에 큰 지장이 없다. 왜? 접근성과 근접도에 상관없이 땅이 있는 지역의 브랜드, 즉 이천이 수도권에 있으니 유리한 것이다. 대한민국 인구 약 5,000만 명 중 절반가량이 수도권(서울, 인천광역시, 경기도)에 산다. 부동산용 인해전술 면에서 세계 최고를 자랑한다. 이러한 조건이니 이곳의 땅이 인기가 있을 수밖에 없는 것이다. 인구가 많다는 것은 지방보다 매수예정자, 매수희망자가 많다는 소리이다.

'사람이 몰린다' 는 말은 '토지의 가치가 높다' 는 말과 같다. 수도권의 토지자산은 약 2,192조 원으로 전체의 65.9%를 차지한다. 전 국토의 0.6%의 면적을 차지하고 있는 서울의 토지자산 가격은 1,078조 가량으로 전체의 32.4%를 차지하고, 경기도는 930조 원으로 28%를 차지한다. 인천광역시는 183조 원으로 5.5%를 차지하고 있다. 수도권 안에 상존하는 경기도 인구는 11,106,000명으로 전국의 22.4%를 차지한다. 면적은 수도권 전체의 86.5%를 차지하고, 전국의 10.2%를 차지하고 있다. 이러한 조건 때문에 대한민국 국민이면 누구나 수도권을 선호, 선택한다. 오죽했으면 '사람은 서울로, 말은 제주로 보내라' 는 말을 예부터 상용했을까.

지방에 거주하는 부동산 갑부 대부분도 서울과 그 인근에 부동산을 많이 보유하고 있다. 지방에 사는 부동산 갑부들이 왜 굳이 그 먼 서울 및 그 인근에 부동산과 토지를 매입했겠는가 잘 생각해 볼 때이다.

우리나라의 맹지

어느 주부가 우리나라에 맹지가 몇 % 정도 되느냐고 질문한 적이 있다. '모른다' 고 대답했다. 대답하기 곤란한 질문이다. 우리나라 땅은 평균적으로 오르고 있는 상황이다. 매일 도로건설을 하는 통에 그렇다. 전국에 도로건설을 안 하는 곳이 한 군데도 없다. 어찌 보면 제일 만만한 개발이 도로건설일 것이다. 개인적이건, 국가 혹은 지자체 차원이건 도로건설은 1년 365일 매일 하고 있다.

우리나라는 올림픽과 월드컵, G20 등 굵직굵직한 큰 행사를 치른 나라치곤 너무나 미개발지가 많은 개발도상국가이다. 산지 64%, 농지(전답, 과수원) 20%대로 맹지천국이다.

땅의 변화는 크고 작은 맹지의 변화에서 비롯된다. 국가와 지자체 차원은 차치하고라도 개인적으로 맹지를 손본다. 자신의 목적 달성, 예를 들면 전원생활 등을 위한 첫 단계가 길을 내는 것이니까 말이다.

땅값이 이동하는 이유는, 맹지가 지주들 혹은 지자체의 의지에 따라 변하기 때문이다. 없던 길이 생기는 데 지가이동이 안 일어날 리 만무하다. 잦은 맹지의 변신은 지가이동을 만든다.

산지나 농지가 차지하는 비율은 통계적으로 정확히 나와있지만, 맹지의 비율이 안 나와 있는 이유는 매일 맹지가 변하기 때문이다. 새롭게 태어난다. 보기 흉한 흉물을 보고만 있을 자 몇 안 된다. 대한민국은 매일 건축한다. 도로 확보되면 건축이 시작된다. 그렇기 때문에 매일 맹지가 변할 수밖에 없다. 따라서 정확한 맹지 규모 파악이 어려운 것이다. 매일 조사한다는 자체가 무의미하다.

서민이 좋은 땅 잡는 방법은 하나뿐

대한민국 국민이면서 자신 앞으로 명기된 땅 한 평 없는 사람이 자그마치 70%나 된다. 너무 불공평하다. 덧붙여, 부동산 부자 1%가 사유지를 절반 이상을 보유 중이니 말이다. 그것도 알짜배기 땅으로 말이다.

자, 서민도 힘내자! 뭉치면 좋다. 나 홀로 하는 노력은 오랜 시간을 필요로 하고 힘에 부치게 된다.

쓸 만한 땅이 부자들의 전유물이 되어선 안 된다. 좋은 땅이면서 가격이 쌀 수 없다. 그러나 방도가 없는 것은 절대 아니다. 그 방도는 지분행태 하나뿐이다. 지분행태의 특징은 평당가가 비쌀지라도 총 투자액은 적다는 것이다. 타 부동산 종목과 달리, 넓이 조절이 가능하다.

MB의 공약 중 대운하 사업과 지분형 아파트가 있었다. 둘 다 흐지부지되었지만 말이다. 지분형 아파트의 애당초 계획은 서민(실수요자) 지분 51%, 공공기관(투자자) 등의 지분 49%였다. 현실적으로 안 맞는 모형이었기에 완성단계에서 사라진 것이다.

이와 다르게 땅은 오랜 기간 동안 지분행태가 있어왔다. 서민들에게 묘책이라 볼 수 있다.

단 땅 지분의 단점은, 공유자와의 의견 차가 발생할 수 있다는 것 하나다. 이는 사전에 잘 정하고 시작하는 게 낫다.

결론적으로 서민 입장에서 단기간 내 승부를 낼 만한 땅(평당가가 백 단위)을 잡기 위해선 대단한 각오와 결단력이 필요하다. 둘 중 하나를 결정하라. 오래 걸릴 만한 시원치 않은 땅(평당 1~2만 원)을 잡을 것인지, 아니면 환금화 빠른 땅을 점찍을 것인지. 지분등기, 이것은 상용 내지 사용하라고 만든 조령이다.

부동산 부자와 빈자의 차이점

부동산 공부 10년 경력의 주부 우 씨(분당 서현동 거주, 46세)와 부동산 공부 3년 경력의 주부 하 씨(분당 야탑동, 50세)는 필자와 친분이 두텁다. 우 씨는 아직 땅이 없으나, 하 씨는 이미 땅 투자를 했고 새로운 투자를 준비 중이다. 하 씨는 서산지역의 주거지(구입 당시, 대산읍 영탑리 1종 일반주거지역) 땅을 지난해 되판 후, 수익금 일부를 또다시 땅에 묻을 예정이다.

이와 많이 다른 우 씨. 우 씨는 부동산 공부(이론＋답사) 경력은 하 씨보다 3배 이상 많지만 행동이 안 따라, 부동산 경력이 거의 없는 하 씨를 따라다니며 땅 구경만 반복하고 있다. 결단력이 부족한 것이다.

나는 투자상담과 강연회를 셀 수도 없을 만큼 많이 했다. 그러면서 느낀 점은 허망하고, 허무하단 것이다. 부동산 공부로 끝나는 것이 문제이다. 부동산 공부의 목적은 분명해야 한다. 부동산 공부하기 전에, 목표가 정확해야 세미나를 주도하는 강사와 합일체가 이루어진다.

부동산 공부＝실패율을 줄이는 방법

이러한 등식은 '투자한다' 는 전제조건이 깔려 있다. 수차례 세미나를 해보았지만, 소액투자설명회가 반응 면에서 훨씬 좋다. 부동산 공부는 '정보' 와 다르다. 소액투자를 바라는 분이 이렇게 많은 줄은 예전에 미처 몰랐다. 부동산 공부만 하는 사람과 움직이는 사람은 결과적으로 큰 차이가 있다.

앞에 주부 두 분의 결과가 바로 그 증거다. 제자리에 맴도는 우 씨와 달리, 하 씨는 이미 수 배의 수익을 본 상황이다. 저만치 멀리 가 있다.

하 씨는 2001년 봄, 서산 대산읍 영탑리 일반주거지를 평당 15만 원에 구입했다. 시세보다 싸게 매도했지만 적지 않은 수익을 올렸다. 땅은 1종에서 2종 일반주거지역으로 변환된 상황이다. '게으른 거인보다 부지런한 난쟁이가 낫다' 는 격언을 상기하게 만든 사례이다.

우 씨의 남편은 굴지의 건설사에서 근무하는 부동산 마니아. 서양화가인 우 씨 역시 공인중개사 자격증까지 소유하고 있는 부동산 절대강자를 자처한다. 이론은 하 씨보다 월등히 출중하나, 재미는 못 본 상황이다. 부동산 이론과 실전감각, 여윳돈이 있지만 하 씨에게 있는 결단력과 자신감이 부족하다.

성공세미나에 많이 참여한들 그 노하우가 머리와 입에서 맴돌기만 한다면 인생도 그 자리에서 쳇바퀴 돌듯 할 것이다. 시간만 낭비한 꼴, 소모전인 것이다. 부동산은 이론보다 알찬 경험이 더 중요하다. 그리고 활용범위 역시 중요하다.

부동산 부자는 '행동' 을, 빈자는 '생각' 을 반복한다. 지금, 자신의 재테크 기준점과 기준선을 체크할 때다.

농지 보유가 죄?

대대적으로 해제된 토지거래허가구역이 곧 별천지로 변할 것이다. 부동산의 기본재료인 땅이 풀리면 연이어 타 부동산종목도 급물살을 탄다. '토지거래허가구역' 때문에 자신의 이름으로 땅을 사고자 하는 사람들의 고민은 컸다. 6개월간 전 세대 주소이전 등의 걸림돌이 부동산 경기를 더욱더 어렵게 만들었다. 토지거래허가구역과 더불어, 헌법에 명시된 '경자유전의 법칙'도 땅 살 분들을 괴롭혔다. 두 제도 다 돈 덩어리다. 부자들에게 유리하기 때문이다. 개발행위와 편법도 돈이 있어야 가능하고, 소작 주는 행위 또한 돈이 필요하다. 이래저래, 두 제도는 서민들 입장에서는 반갑지 않은 상수들이다. 아니, 신종변수이다.

서울 수유리에 사는 김 씨는 투자목적으로 강원도 홍천 소재의 농지 매입을 계획 중이다. 그러나 선뜻, 투자전선에 못 뛰어들고 있다. '농사를 짓지 않으면, 농지를 강제로 처분해야 하며 부재지주가 되어 양도세가 많이 나온다'는 사실을 근자에 듣고 나서다(당분간 일반세율 탄력적으로 적용). 김 씨가 농사를 짓지 않고 양도소득세를 줄이는 방법은 없는 걸까?

─농지는 자기의 농업경영에 이용하거나 이용할 자가 아니면 소유하지 못한다.(농지법 제6조)

─1996년부터 농지법이 시행됨에 따라 1996년 1월 1일 이후 취득한 농지는 그 면적에 관계없이 자경하는 것이 원칙이다. 농지 취득 후 정당한 사유

없이 자기의 농업경영에 이용하지 않으면 그 사유가 발생한 날로부터 1년 이내에 해당 농지를 처분해야 한다.(농지법 제10조)

하지만 부동산에 예외가 있다. 농지은행에 임대 위탁해 임대차 계약을 체결하면 그 계약기간에는 직접 경작하지 않아도 처분하지 않고 계속 소유할 수 있다. 다만, 농지은행에 임대 위탁하기 위해서는 신규 취득 후 1년이 경과해야만 가능하다. 신규 취득, 등록 후 바로 농지은행에 임대 위탁하는 것은 투기 목적으로 농지를 취득했다고 보아 임대 수탁에서 제외하고 있기 때문이다. 그러므로 김 씨는 농업인으로 인정받기 위해 1년 중 90일 이상 농업에 종사해야 하는 번거로움 정도는 감수해야 한다. 그러나 농지의 주인이 되는 꼭 겪어야 할 과정이다.

주의사항도 있다.

─수탁 제외 농지도 있다. 도시지역, 계획관리지역 내의 농지, 농지전용허가를 받은 농지, 개발용도로 지정된 지역·지구·구역·단지 안의 농지, 일정규모 이하의 소규모 농지(농업진흥지역 내 1,000m² 미만, 농업진흥구역 밖 1,500m² 미만) 등이다.(한국농촌공사 및 농지관리기금법 시행령 제19조의 7)

─농지은행에 농지를 임대 위탁하는 경우 최소 임대계약기간은 5년이다. 8년간 임대 위탁을 하면 비사업용 토지(양도세 중과원칙)에서 제외된다.(소득세법 시행령 제168의 8)

위탁기간이 8년 지나면 양도차익에 따른 법을 적용받는다(9~36%). 결론적으로 김 씨가 1년간 농지를 보유한 후, 농지은행에 임대 위탁해 임대차 계약을 체결하면 농사를 짓지 않고도 농지 보유가 가능하다. 8년간 임대 위탁하는 경우 비사업용 토지에서 제외되기 때문에 양도세 절감의 효과를 맛볼 수 있다.

땅 업그레이드시키는 방법

땅을 사고 나서 방치하는 행위는 위험천만하다. 마치 대학시험에 합격한 후, 펜을 놓고 놀자판 벌이는 행동과 별반 다르지 않다. 땅을 샀다면 업그레이드시키는 작업에 착수해야 한다.

예를 들어, 경기도 용인 땅을 샀다면 용인에 관한 공부를 시작해야 한다. 용인 박사가 되어야 한다. 용인에 관한 한 박학다식한 지식을 갖추어야 한다. 그래야 차후에 매수희망자에게 강한 희망의 메시지를 전달할 수 있다. 내 땅에 대해 잘 모르면 자신감이 생길 수 없다.

용인 박사가 되기 위해선 수시로 용인시청이나 읍·면사무소 등을 방문하여 관보 등을 살피고, 자료 수집을 많이 해둔다. 용인신문을 구독하여 용인에 관해 거시적으로 공부한다. 거시적인 공부를 한 후 가시적인 공부에 돌입한다. 아니, 거시적인 공부를 반복적으로 하다 보면 자연스럽게 구체적인 공부에 진입하게 마련이다. 모르고 있는 사항에 대한 궁금증이 커져 자연스럽게 시청을 방문하게 되는 것이다. 궁금한 사항이 많아 시청에 방문하지 않을 수가 없는 것은 참 좋은 현상이다.

땅을 샀다면 땅 매도계획표를 작성하자. 여름방학 때 방학계획표를 세우는 아이의 순수한 마음으로 말이다. 세우는 것과 안 세우는 것과는 많은 차이가 난다. 괜한 자존심 세우지 말고 현실적인 계획을 세우자. 개학 때(되팔 시점) 결과물은 확연히 나온다. 계획표는 남에게 맡기지 말자. 수동적이면 내 땅도 수동적으로 변할 것이다.

예

1. 땅(강원 정선)

2. 구입일 – 2008. 6.12

3. 「강원일보」, 「강원도민일보」 등 구독 시작.

4. 정선 박사과정을 밟기 시작한다.

5. 매도계획 세우기 – 2015. 6. 1까지(충분한 시간적 여유를 갖는다)

강원 정선에 관한 개발계획 기사를 복사한다. 차후, 매도자에게 브리핑할 때 활용할 자료이다. 이슈거리를 닥치는 대로 수집한다. 내 땅 인근의 환경의 변화를 자료로 남기기 위해 사진촬영이나 동영상도 기록으로 남긴다. 내 땅의 모습을 확연히 담기 위한 앨범을 제작한다. 매년 변하는 속도와 그 양을 앨범에 담아놓는다. 차후, 되팔 때 매수희망자를 보여줄 귀중한 자료이다.

예컨대, 맹지 사진이 소로개설 사진으로 변모하는 모습을 자료로 확보한다. 사진촬영 외에 동영상에도 많은 신경을 쓰면 좋겠다. 6개월 혹은

1년에 한 차례씩 변해가는 내 땅의 모습을 촬영한다. 마치 아이의 성장과 정을 사진앨범에 담아놓듯 말이다. 다이어트의 Before, After 사진을 찍어두는 것과 같다.

땅의 잠재력을 가시적으로 잘 보기 위해선 지역 공부에 집중해야 한다. 업자가 땅 판매할 때 되팔아준다는 말은 절대 믿지 마라. 되팔 즈음에 업자는 사라지거나 이야기가 달라질 테니 말이다. 내 땅은 내가 직접 되판다는 생각으로 매입하기 바란다.

매입→관리 및 보호→되파는 작업

이 3단계 과정 모두 내가 밟는다. 되팔기 위한 자료를 수집하는 노력이 꼭 필요한 이유는 계획한 만큼 수익을 보고자 하는 목적이 있다.

위의 자료로 인해 100만 원 받을 것을, 130만 원까지 받을 수 있다. 근거 있는 자료는 내 땅의 가치를, 가격을 상승시키는 동력이다. 좋다는 근거 자료가 있으니 가격을 창출하는 데 큰 무리가 없다. 말로만 좋다면 누가 믿겠는가.

꼭 필요한 개발

개발의 종류는 둘이다. 꼭 필요한 개발과 그렇지 않은 개발이 그것이다. 꼭 필요한 개발에는 전철공사(수도권과의 연계성을 위한)가 대표적

192

이다. 하지만 전철을 아무곳에 무턱대고 건설하면 안 된다. 자칫, 유령도시에다 전철역을 만들게 되면 유령역이 새로 만들어지는 것과 같다(전철 이용객은 '일'을 하는 사람들이다).

불필요한 개발도 있다. 관광개발이 그것이다. 이는 해도 그만 안 해도 그만인 것이다.

전철공사는 국가와 지자체 합의하에 진행되기 때문에 안전해 보인다. 관광개발은 민간개발 위주로 건설되어 불안하다. 건설사도 중견건설사로 자금력이 부족한 상황에서 개발을 시작하면 속도가 늦어 유야무야되는 경우도 왕왕 벌어진다.

전철공사(수도권)는 대한민국 인구의 절반이 살고 있는 곳에 건설해야 안전하다. 주요 업체와 기관이 수도권에 몰려 있는 것을 보면 전철공사는 꼭 필요하다고 보는 것이다. 물류이동에 적합한 길을 만들 의무도 주어진다. 고속도로건설도 꼭 필요한 개발사항이다.

예를 들면, 서울~춘천 간 고속도로 건설이다. 수도권 교통에 필요한 개발은 단지 수도권의 개발만을 위함이 아닌 지방과의 연계성을 위함이다.

관광개발은 필수항목에서 제외된다. 나라에서 반기는 관광개발은 극히 드물다. 대기업에서도 마다하는 사업이 관광개발 사업이다. 대기업이나 국가는 관광개발에 신경 쓰는 대신 신도시나 택지개발 등지에 눈을 돌린다.

관광지 개발이 왜 필수항목이 아닌가. 관광지를 이용하는 자는 대다수가 부자다. 부자의 전유물이므로, 짓자마자 얼마 안 있어 부도 맞는 경우가 비일비재하다. 관광지는 서민과 하등 관련이 없다. 소수의 부자를 위해 국가가 앞장서서 관광지를 개발하는 경우는 없다. 단, 새만금은 제외이다.

개발 중에 택지개발의 중요도가 문제이다. 택지개발은 과거와 달리, 현재 불투명한 가운데 서있는 상황이다. 지방 아파트의 미분양 급증이 한 사례이다.

한편, 전국 251개 지자체 모두에게 허용되는 개발이 있다. 각종 산업단지의 개발이 그것이다. 지자체 입장에선 아주 고마운 개발이다. 지자체(지역)에서 투자자, 투자기업을 모시는 형편이다. 농공단지, 일반산업단지, 지방산업단지, 국가산업단지, 오지개발 등이 여기에 해당된다.

하지만 이들 산업단지엔 주의사항이 있다. 역시 꼭 필요한 산업단지조성이 있고 그 반대가 상존하는 법이다. 기계화를 주목적으로 하는 산업단지는 지역의 유령화를 만들 공산이 커 위험한 개발사항이 될 수도 있다. 근로자 수가 없으니 주위에 자연스럽게 형성되어야 할 인프라 구축, 시너지 효과를 상실할 수 있다. 마치 무인도에 아방궁을 건축하는 행위와 같다.

개발은 사람을 절대 필요로 하는 사업이어야 한다. 텅 빈 관광지를 보라. 마음마저 텅 빈 느낌이 들 거다. 불경기일수록 관광지는 부도를 크게 맞는 법이다.

유동인구가 없으니 이러한 사태를 맞는 것이다. 하지만 수도권과 연계되는 전철공사는 다르다. 거기서 발생되는 유동인구는 관광인구(유동인구)와는 차원부터 다르다. 유동인구도 수준 차가 있다. 일을 목적으로 이동하는 유동인구와 단순히 놀러 가는 관광인구는 격이 다르다. 전자는 웬만한 배드타운 지역의 인구나 고정인구보다 한결 낫다. 생동감이 있기 때문이다. 경제활동인구의 특징이다. 후자는 어떤가? 비경제활동인구의 이동하는 모습이다.

불경기에는 소액투자가 대세

불경기의 빨간불이 좀처럼 꺼질 줄 몰라 소액투자처에 사람들이 몰리고 있다. 아파트가 걸림돌이 되자 소액투자에 관심을 두는 것이다. 아파트 투자는 거액으로 움직여야 하는 이유도 있다. 아파트 불패신화가 막을 내리면서 투자자의 사고에 변혁의 바람이 불었다. 아파트로 수익을 보고자 미련을 둔 자 많지 않다. 아파트는 실수요자가 대부분을 차지할 것으로 짐작된다. 추세가 그렇다. 아파트 투자는 분명 무리수이다. 아파트 투자가 설령 이루어질지라도 소액투자가 될 수 없어 이래저래 고민거리다. 출발도 하기 전에 빚이라는 장벽이 앞길을 가로막는다.

1억 내로 투자할 만한 것을 찾아봤자 땅밖에 없다. 왜? 단기투자종목이 사라진 형국이다. 1,000만 원 정도로 움직임이 가능한 땅 투자는 역사가 깊다.

부동산 중 땅이 제일 오래되었다. 아파트의 역사는 불과 40년 정도다. 단독주택의 역사보다 훨씬 짧다. 아파트와 단독주택 등 지상정착물이 있기 전엔 땅이 얼마 안 되는 사람들에게 홀로 존재감을 쓸쓸히 알렸다.

역사가 깊은 만큼 가격도 당연히 다양하다. 단돈 몇 백 원에서부터 시작한다. 가격의 극대화가 가능해 자율적으로 시장을 개척한다. 점 조직화 되어 있는 상태이다. 가격의 다양화 때문에 개인적이며 이기적인 면도 있다. 마치, 과천 경마장에서 베팅 단가를 보는 듯하다. 100원부터 돈을 걸 수 있으나, 100원에 돈 거는 자는 거의 없다. 단돈 몇 백 원짜리 땅 사는 자 역시 그리 많지 않다.

현재, 아파트 투자는 불가능한 상태이지만 땅 투자는 가능한 상황이다. 이는 땅의 종류와 크기, 그리고 가격의 다양화를 의미한다. 선택권이 다양하게 주어진다. 둘 중 하나를 고르는 것이 아닌, 여러 종류에서 하나 혹은 그 이상을 구한다. 따라서 변별력과 판단력이 중요하다. 미리미리 분석력의 필요성을 깨달아 봐야 한다.

아파트 투자시대는 끝났다. 무리한 대출로 아파트에 투자하는 모험을 거느니 대출 없이 있는 돈으로 땅 투자 전선에 나서는 편이 낫다. 아파트는 소강 혹은 하락세지만 땅은 그 반대이니 말이다.

게으른 거인보다 부지런한 난쟁이가 낫다

작은 고추가 맵긴 맵다. 작은 거인 조용필과 송해를 보면 잘 알 수 있다. 체력과 체격은 결코 정비례하지 않는다. 체격이 좋다고 체력까지 뛰어나다는 보장은 없다. 국가 역시 크다고 좋은 건 아니다. 러시아와 중국을 '선진복지국'으로 평가하지 않는다. 반면 네덜란드, 덴마크, 룩셈부

르크, 스위스 등 작은 나라를 '선진복지국' 이라 하고 추앙한다.

거시적인 요인과 미시적인 요인 중 전자는 크고 후자는 작다. 중요성을 따진다면, 미시적인 요소가 더 중요하다. 국가 발전이 곧 나의 발전이라는 생각은 큰 착각을 불러올 수 있기 때문이다. 나의 발전이 곧 국가의 발전이라는 인식이 더 중요하다. 국가행사를 치른 후 개인에게 돌아오는 건 하나도 없다. 있다면 '희망' 이다. 미래에 대한 기대감뿐이다.

거시적 사업−공사기간이 길고 희망사항으로 끝날 공산이 크다. 실행에 옮겨지기 힘들다. 개발면적이 넓고 예산이 많이 들어 유야무야될 공산이 크다. 새만금의 경우는 2030년 입주 예정이다.

용도가 변환된다. 그러나 개인적으로 개발할 수 없다. 일개 국민은 용도에 손댈 수 없다. 위정자의 소관이다. 개발에 관한 구체적인 사항은 국토해양부에 들러서 알아봐야 한다. 제대로 알려줄 리 만무하지만 세부적으로 알아볼 도리가 없다. 그러나 해당 지자체는 다른 반응을 보인다. 자신의 지역에 개발사항이 있으면 그 계획을 자랑한다.

미시적 사업(작업)−공사기간이 짧고 본인이 직접 개발할 수 있어 확실하다. 농지 및 산지전용을 위한 형질변경 등을 내 손으로 할 수 있어 계획대로 실행할 수 있다. 계획이 작고 알차기 때문에 의지만 있으면 성공할 수 있다. 업그레이드도 가능하다.

개발사항이 지나치게 크거나 포장이 농후하면 거품만 잔뜩 낀 채 개발이 백지화될 확률이 높다. 예컨대, 관광지 개발지역과 전철이 생기는 곳을 보자. 전자는 있어도 그만 없어도 그만인 개발사항이지만, 후자는 반드시 필요한 개발사항이다.

거시적인 면보다 미시적인 면이 중요한 이유다. 큰 개발사항(거인)은 느림보지만, 작은 개발사항(난쟁이)은 걸음이 재다.

착한 가격과 역동적인 개발

좋은 부동산은 개발이 역동적이고 가격이 비교적 저렴하다. 부동산의 가격과 개발사항은 반대가 되어야 한다.

가격-차분하고 착한 성질을 가져야 한다. 소극적이어야 한다. 예민하지 않아야 한다.
개발사항-역동적이고 적극적인 면이 있어야 한다.

역동적인 가격은 위험하지만, 역동적인 개발은 안정적이다. 다혈질의 개발사항과 가격은 위험! 차분하고 꾸준한 상태를 유지해야 한다.

개발-다양해야 한다.
가격-다양하지 않아야 한다. 들쑥날쑥하면 기준이 없어진다.

절망적인 맹지는 마치 준공 후 미분양 아파트의 모습과 같다. 즉, 악성 미분양 아파트와 같은 처지다.

3. 토지의 특징은 큰 잠재력이다

용도변경과 형질변경의 의미는 확연한 차이가 있으나 사람들은 혼돈해 상용하고 있다. 둘 다 무궁무진한 방도를 소유하고 있는 상태에서 모색되고 있어 사람들에게 꿈을 심어주기에 충분한 요소이다.

부동산 가격을 변화시킬 수 있다는 면에서 분명, 용도변경과 형질변경은 우상시 받기에 충분하다. 그런데 문제는 용도변경에 관한 큰 오해다. 개인적으로 이동, 활용이 가능한 형질변경에 비해 용도변경은 개인적인 개발이 힘들다. 국가와 지자체 합의하에 움직이는 사항이 용도변경이다. 마치, 내가 직접 용도변경을 하는 양 호들갑 떠는 일부 업자의 행동이 문제이다.

용도변경을 국토이용변경의 의미로 두면 해석이 편하다. 이를테면, 자연녹지가 전격적으로 주거지와 상업지로 변혁되는 현상을 용도가 변한 상태라고 인지해야 한다. 결코, 자연녹지를 주거지로 바꿀 수 있는 개인은 없다. 개인이 할 수 있는 것은 형질변경(전용과정의 한 과정)이 고작이다. 농지전용이나 산지전용 작업, 지목변경 등도 형질변경의 한 과정에 불과하다. 각종 도로개설도 형질변경 중에 일어나는 현상 중 하나이다. 형질변경은 내가 직접 내 땅을 발전시키는 적극적이고 현실적인 작업이다. 못생긴 땅을 절토작업으로 예쁘게 단장하거나 움푹 패여 보기 흉물스런 땅을 복토, 성토작업으로 단장하는 일이 형질변경 중의 하나인 것이다. 건축하기조차 버거운 땅을 장방형으로 만드는 작업도 형질변경이다.

거시적인 사항의 용도변경은 땅값을 폭등하게 만들지만, 가시적인 사항의 형질변경은 땅값을 미동하게 만든다. 땅값 오름폭은 천양지차겠지만 안정적인 면에서는 형질변경이 안전하다. 개인이 할 수 있는 영역이 있기 때문이다.

현명한 사람들은 땅 매입 시 형질변경의 활용범위를 보고 매입 결정을 한다. 자신의 땅을 직접 업그레이드해 원하는 수익을 보고 빠져나온다.

주부 강 씨(50) 역시 형질변경을 통해 5년여 만에 괜찮은 수익을 맛본 케이스다. 토지사용승낙을 받은 사람 중 최고 3억의 수익을 보았다. 강 씨는 5년 전, 서산지역을 수소문한 끝에 자연녹지 땅을 매입하였다. '경기 광명시 소하리의 기아자동차 부품공장이 지곡면으로 이전된다' 는 이슈거리에 매입을 했지만 그다지 많이 오르지 않았다. 할 수 없이 궁여지책으로 본인이 직접 형질변경에 나섰다. 2% 부족해 보이는 도로상황을 전격 바꾸는 작업을 하였다. 옆 지주들과 합의해 도로를 크게 내기로 했다. 되팔기 위한 리모델링 작업을 한 셈이다.

또한 강 씨는 급매물로 나온 물건을 인근 시세보다 훨씬 싼 가격에 매입했다. 당시 기획부동산에서 15만 원에 물건을 내놓을 때 강 씨는 지인을 통해 지주를 소개받고 평당 10만 원 싸게 5만 원에 매입하였다. 그야말로 파격적인 가격! 3억의 수익을 가능하게 만든 가장 큰 이유였다.

그러나 땅 중에 형질변경조차 불가능한 땅이 있다. 그런 땅은 땅이라고 볼 수 없다. 지나치게 용도변경에 치우치는 것은 형질변경의 존재감을 잃을 수 있으니 주의해야 한다.

어떤 이는 형질변경이 시대에 뒤떨어진 것이라며 용도변경을 주장하는데 사기일 가능성이 있다. 물론, 개발이 용도를 변환시킬 수는 있다. 그러나 100% 장담하는 것은 무리다. 당연히 시대에 앞선 행위인 용도변경이 우선시 되어야 한다. 그러나 일반인이 그러한 과정을 알 리가 없다.

시대를 앞선 행위는 위험하다. 차라리 시대에 뒤떨어진 전통적인 방법을 고수하는 편이 훨씬 안정적이다. 형질변경은 변화의 폭은 작지만 변화가 큰 용도변경에 비해 안정적이다. 정상적인 모습의 시가형성을 만드는 재료가 형질변경이라면, 부작용처럼 비추어지는 가격거품의 호가를 만드는 원천은 용도변경이다.

시대에 뒤떨어진 행동은 경험자의 조언을 직접적이고 투명하게 들을 수 있으나, 시대에 크게 앞선 행동은 경험자의 조언을 들을 수 없다. 거의 무경험 상태이다. 음모와 계략이 있지 않은가. 그만큼 용도전환이 만만치 않은 것이다.

20~30대에게 적절한 투자종목

최근, 모 연구소에서 소액 투자설명회를 하면서 놀라운 현상을 경험했다. 주로 40~50대 여성이 주류를 이루었던 땅 투자가 20~30대 젊은층에게 관심도가 높아지고 있는 것. 단순한 호기심을 뛰어넘어 관심과 집중, 그리고 예리한 분석력을 무기로 투자하고자 하는 열망이 대단하다. 젊은이들에게서만 느낄 수 있는 에너지다. 기성세대와 다른 면은 인터넷, 카페 등을 통해 정보를 넓고 깊게 활용한다는 점이다. 다음부동산이나 로드뷰 등을 통한 길 공부도 꼼꼼히 한다. 자신의 차 또는 아버지 차를 몰고 현장을 직접 체험한다. 내비게이션을 이용해 현장을 방문한다.

땅 투자가 왜 젊은층에서 인기를 구가하고 있는가, 그 이유를 자세히 알아보자.

1. 소액으로 가능하다.

개별등기 – 평당가 기준으로 투자

지분등기 – 총 분양가 기준으로 투자

분할작업을 통해 가능한 일이다. 부동산 종목 중 분할작업이 가능한 것은 땅밖에 없다.

2. 장기투자종목이다. 노인이 장기투자를 하는 것은 어렵지만 젊은층

은 다르다.

3. 땅의 매력인 잠재력은 젊은이들의 미래와 일맥상통한다. 대기만성, 현명하게 기다리다 보면 좋은 일이 있을 수 있다. 급하게 서둘러 처분하면 처분하자마자 땅값이 뛰어 심장 뛰는 사례가 우리 주위엔 너무나 많다.

4. 오를 땐 무섭게 오른다. 아파트가 2배 오른다는 것은 거의 기적과도 같은 현상이다. 지상정착물이 2배 이상 오른 적은 별로 없다. 그건 대형사고, 대형사건이다. 수사대상이다. 그러나 땅은 수십 배 오른 경우도 비일비재하다. 강릉 정동진의 경우 드라마 촬영을 하면서 일약 유명관광지로 큰 명성을 얻으면서 무려 100배 상승한 바 있다.

내 소유의 경기 광주 땅 역시 2000년 즈음, 평당 5만 원이었다. 지금은 200만 원을 육박한다. 더욱이 최근에 토지거래허가구역이 풀리면서 가격 폭등이 눈앞에 선하다.

5. 오를 때 무섭게 올라 타 종목으로 갈아타기가 가능하다. 상가나 건물 등으로 갈아타기 좋다. 이러한 일련의 과정은 젊어서부터 준비해야만 가능한 일이다.

6. 10년 이상 지나 사람 팔자가 간혹 바뀌는 경우가 있다. 놀라운 사실은 그 기간이 단축되고 있다는 점이다. 전국 지자체에 개발계획이 없는

곳이 하나도 없을 정도로 개발계획이 너무나 다양하고 넓기 때문이다.

민성(民聲) + 자치단체장 능력 = 개발

이러한 등식으로 인해 지역에 따라 다를 뿐 땅값은 열심히 움직인다. 땅 투자를 10년 이상으로 보고 잘 들어간다면 이보다 안정적인 상황은 없다고 판단된다. 그 안에 일이 벌어지지만 애써 서두르지 않겠다는 의지의 표명이다. 그래서 요즘 20~30대에게 아주 유리한 부동산 투자종목이 땅 투자이다.

7. 장기 부정기예금이기 때문에 정기예금보다 훨씬 수익이 많다.

8. 어린 땅은 값이 싸다. 이에 반해 나이든 땅은 값이 비쌀 수 있다. 땅은 수명이 길고 깊다. 평균 수명이 길어졌다. 20대에 땅을 사둔다면, 30대나 40~50대가 되어 마음 편하게 지낼 수 있다. 40~50대에선 진국을 맛볼 수 있다. 청년기의 땅이 중년을 지나 장년이 될 즈음, 큰 가치를 인정받기 때문이다.

9. 20대에 사둔 땅을 30~40대 가서 펜션 짓고, 50대 가선 전원주택, 별장 건설 등 장기계획을 세울 수 있다.

10. 부동산 중 땅이 제일 넓은 면적을 차지해 무한한 꿈을 펼칠 기회가

많다. 20대는 무한한 꿈을 그릴 기회가 많고 준비기간이 충분하다.

11. 부동산학과 등 관련 학과가 급증하면서 젊은이들이 부동산에 관한 상식이 풍부해지고 있다. 이런 학과를 노크하는 젊은이들은 부동산의 첫 단추를 이미 끼운 셈이다.

12. 장차, 개발의 큰 획을 그을 수 있는 전남 오지나 강원 오지 투자에도 과감하게 도전장을 던져볼 만한 세대 역시 20대이다. 오지지역엔 오지개발계획이 꼭 들어가 있으니 말이다.

13. 땅 투자를 통해 집 장만이 가능하다. 과감한 사람은 월세나 전세 상태에서도 투자해 30~40대에 되팔아 그 수익금으로 타 부동산에 재투자하거나 집을 장만한다. 단, 40대 이상에는 무리한 투자가 될 수 있으니 주의가 요망된다.

14. 더 이상 땅은 부자들의 전유물이 아니다. 재벌을 포함한 우리나라 부자 1%가 독식하고 있는 땅 점유율을 비추어볼 때 20대가 통계수치를 전환시키는 계기를 만들어야 할 때가 아닌가 싶다.

15. 20대 자녀를 둔 50~60대 부모님이나, 20대 손자손녀를 둔 70~80대 조부모님의 힘을 빌려 움직였으면 한다. 어른들이 자녀 앞으로, 손자손녀 앞으로 땅 등기부등본을 생일선물로 주는 건 어떨까. 평생 잊지 못

할 생일선물이 될 것이다. 매년 돌아오는 생일날 때마다 땅의 동향도 알아보면 아주 흥미진진할 것이다.

사람은 노년기가 있지만, 땅엔 노년기가 없다. 세월이 갈수록 그 성숙함이 더해진다. 단지 병든 땅이 있을 뿐이다. 병든 땅이란, 각종 규제 때문에 몸살을 앓고 있는 땅이다.

수도권과 지방의 차이

여전히 수도권과 지방의 격차는 크게 벌어지고 있다. 사람이 아닌, 지역적 특성을 말함이다. 지방을 발전시킨다는 명목으로 교통망을 확충한들 지방은 별다르게 변하지 않는다. 오히려 수도권만 살찌우게 만드는 역할을 한다. 수도권 땅과 지방 땅의 차이는 비교할 수 없을 정도로 심하다.

1. 인구 중 절반이 수도권에 포진되어 있는 상황이므로 실수요자 면에서도 지방보다 훨씬 유리한 조건이다.

2. 개발계획 또한 수도권이 훨씬 많고 다양하다. 개발속도도 빠르고 성사확률도 지방보다 높다. 지방보다 상대적으로 목소리를 크게 높일 수 있다. 지방은 수적인 열세를 면치 못한다. 역세권 개발 등 꼭 필요한 개발

이 수도권에 많이 포진되어 있는 상황에서 지방은 관광지 개발 등 꼭 필요하지 않은 개발에 목숨을 건다.

안타까운 점은, 어느 지방의 경우 주민이 개발을 반대하기도 한다는 것이다. 지방의 개발계획이 백지화될 확률이 지대하여 현실적으로 개발을 멈추는 경우도 있다. 이것은 모두 필수항목이 아닌 선택항목이기 때문이다. 해도 그만 안 해도 그만인 개발은 개발이 아니다.

3. 수도권은 거액 단기투자, 지방은 소액 장기투자인 경우가 많다. 잠재력은 지방이 크지만 미래가 불안하다. 붕괴될 소지도 안고 있어 개발에 관한 안도의 한숨을 쉬기란 쉽지 않다.

4. 경제활동인구가 수도권에 많이 포진되어 있다. 전남이나 강원 일부를 가보면 인구감소현상이 두드러지고 있다. 대신, 비경제활동인구는 급증하는 추세이다. 장수국가 반열에 들어선 우리나라지 않은가. 서울의 명문대에 가고자 젊은이들이 고향을 등진다.

5. 덩치 큰 개발계획이 난무한 곳이 지방이다. 개발기간이 너무 길고 험난하다. 꼭 필요한 개발계획은 수도권에 많이 포진되어 있다.

예를 들어, 여주~판교 간 전철공사의 여파는 크다. 모도시 사람들의 기대가 벌써부터 크다. 연결고리의 힘이 거침없고 거대해 연속성을 발휘한다.

6. 수도권−도농복합도시를 창달할 지경

지방(㉥ 전남, 강원 일부지역)−농어촌 및 축산도시

용도가 그다지 광범위하지 못하다.

7. 수도권은 개발계획의 진행 속도가 빠르다. 민원인이 지방보다 많으므로 자연스럽게 일어나는 현상이다. 민원 접수율이 지방보다 훨씬 높고, 일시적이지 않다. 알찬 개발계획이 계속해서 이어지니 말이다. 개발에 관한 위정자의 의지를 누가 꺾으랴.

수도권 대표 유망지역−광주, 이천, 여주(이상 복선전철), 용인(분당선과 연계), 양평(중앙선) 등지

수도권을 대표하는 지역의 큰 특징은, 전철의 지대한 영향력에 있다. 브랜드 가치를 높이기에 충분한 조건이다.

지방의 대표 유망지역−춘천, 천안, 아산, 원주(양평과 연결), 공주 등지

미시적인 개발사항 위주의 수도권에 비해 거시적 개발사항이 지배하는 지방은 개발사항이 추상적인 면이 없지 않아 있다. 구체적이고 개인적인 면이 들어가 있는 수도권과 다르다.

지난해 11월 실시한 인구센서스 결과, 수도권 인구는 늘고 강원 일부 산골오지와 전남 등지의 인구는 줄어들었다고 한다. 귀농(귀촌)인구가

늘고 있다지만, 귀경인구가 더 많다고 볼 수 있다. 농어촌 실태가 생각보다 훨씬 낙후되어 있다는 방증인 것이다.

수도권이 발전에 발전을 거듭하는 요인은 전철의 역할이 큰데, 1호선(양주, 동두천~천안, 아산 등), 중앙선(양평과 춘천 등), 여기에 경의선까지 뻗어나가고 있다.

빨대효과의 영향력을 목격한다. 인구집중화의 영향력은 예상 밖이다.

양평의 인구와 춘천, 천안의 인구가 수도권과 급박하게 연계되고 있다. 양평군민과 춘천시민, 천안시민 등이 서울의 쇼핑몰을 애용한다. 본격적이고 구체적인 쇼핑을 벼르고 있다. 생애 최초로 서울구경에 나서는 분도 많이 계신 상황이니 어쩔 수 없는 현상. 접근성이 좋아지면서 일어난 일시적이거나 꾸준한 빨대현상은 수도권 불패신화를 여전히 이어가게 하는 역할을 한다.

수도권은 고정인구도 증가일로에 있지만 유동인구, 관광인구 증가도 무시 못한다. 특히 서울지역은 더욱더 인구가 늘고 있다. 경기도민, 인천시민 그리고 지방 사람들, 여기에 동남아 등 다문화 민족들의 급증에 서울은 즐거운 비명을 질러댄다.

부동산 거품이 빠지는 시늉(쇼)만 한 채 불안감을 조성한다. 거래의 축이 파괴되는 모양새다.

수도권의 눈부신 개발과 발전에는 특별시인 서울의 영향력이 컸다. 서울 중심의 모도시 형성이 바로 그것. 서울은 경기도와 인천광역시를 서로 아우를 수 있는 접경, 위성 안테나 역할을 충분히 해왔고, 앞으로도 충분히 해낼 것으로 내다보인다.

누가 뭐래도 수도권의 주연은 서울이다. 경기 용인, 인천광역시 시민들이 서울에 적(예 사업체, 직장, 대학 등)을 두는 경우가 다반사다.

서울과의 접근도를 십분 발휘하고 활용하면서 서울특별시와 경기, 인천광역시는 도시형성에 정신없이 바빴다. 지금이라고 다를 바 없다. 경기 도지사의 활동영역과 그에 따른 의지가 무시무시하니 말이다. 더불어 국가원수도 지원을 아끼지 않는 중이다. 기업하는 사람들의 큰 장애가 될 수 있는 공장 건립절차의 최소, 간소화에 신경 쓰고자 열정적인 노력을 아끼지 않는 중이다. 수도권의 우위는 수치에서 확연히 가른다.

지혜 VS 지식

부동산 투자에 쓴잔을 마신 사람들을 보면 대부분 편협적인 공부, 즉 지식에 너무 의존한 경향이 있다. 반면, 만족스러운 재미를 본 사람들은 지혜로웠다. 지혜 끝엔 자신감이 묻어난다. 부동산은 지식만이 아닌 지혜로 시작해야 한다.

지식은 상수이지만, 지혜는 변수이다. 지식으로만 투자한다면 위험하다. 변수에 대처할 능력이 부족하니 말이다. 이론공부의 다른 말인 지식과 달리, 현장공부의 뜻을 강하게 지닌 지혜는 자신감의 발로이다.

지식(일반적인 상식)–묻지 마 투자를 유도한다.

지혜(엽기적인 상식, 예외사항 및 정실주의)–귀찮을 정도로 물어보는 투자

지식은 상식선에서 머물지만 지혜는 분석력을 동반한다. 지식은 강사의 일방적인 사육에 의해, 지혜는 토론방식에 의해 쌓인다. 지식이 수직적인 모형이라면, 지혜는 수평적 모형이라 할 수 있다.

지식에 머문 자는 투자를 함부로 하지 못한다. 자신감이 없으니 당연히 투자전선에 뛰어들기 쉽지 않은 법이다.

반면 지혜가 있는 자는 현명한 방법으로 움직인다. 지식은 생각에 머물게 하려는 성격을 지니지만, 지혜는 실천하게 만드는 에너지를 겸비한다. 또 동물적인 감각을 가미한다.

부동산의 지식만으로는 판단력과 변별력의 효과를 기대할 수 없다. 지혜는 '판단력+결단력의 보고' 이다. 부동산의 지식과 지혜를 자동차 운전에 비유하자면, 시야 확보의 크기와 깊이에서 차이점을 발견하게 된다. 지식을 가진 자는 앞만 주시하지만, 지혜를 겸비한 자는 앞뒤는 물론, 좌우도 살핀다. 시야 확보를 자유자재로 해놓은 상태에서 운전을 한다. 안전거리 확보(투자기간)도 잘해 사고(리스크)를 많이 줄인다.

지식-주입식 교육 위주로 생성된 산물(암기식), 수명이 짧다.
지혜-전인교육이 포함되어 이해력을 동반한다, 수명이 길다.

부동산의 특징은, 시시각각으로 변화가 잦다는 것이다. 100% 인위, 인공적으로 말이다. 국토의 이용에 관한 용도변환을 낳는다. 변화에 능동적으로 대처할 수 있는 자는 지혜로운 자이다. 지식만 가진 자는 적용 내지 적응을 못한다.

시간이 흘러 공간이 변환된다. 용적률과 건폐율의 성적이 방향을 잡는 나침반 노릇을 한다. 땅의 일생은 3분의 2 이상을 잠으로 보낸다. 그만큼 잠재력이 크다 할 수도 있고, 놀고 있는 휴한지가 많다는 의미도 된다. 땅의 재충전 시간을 잠자는 시간이라고 봤을 때 다음과 같이 해석할 수 있다.

$$잠(sleep)＋재력(財力)＝잠재력$$

시의적절하게, 현명하게 깨우는 자가 지혜로운 자이다.

장수할 부동산과 단명할 부동산

예능, 교양 등을 총망라한 최장수 프로 '전국노래자랑' 의 장수비결은 사회자 송해 씨의 감칠맛 나는 입담과 그의 과욕 없는 삶이 아닌가 싶다. 그의 단순명료하고 안정적인 모습에서 장수 요건을 찾아보자. 일 욕심이 많을 뿐 돈 욕심은 없다. 송해 씨 자신도 말한 바 있다. 사람 냄새가 좋다고. 자신의 큰 재산은 돈이 아닌, 사람이라는 것이다. 장수부동산을 간단 명료하게 비유하고자 한다.

전국노래자랑=부동산

송해=부동산 주인

부동산도 인간과 별반 다르지 않게 무병장수하는 부동산이 있는가 하면, 단명으로 끝나는 부동산이 존재한다.

장수 부동산-꾸준한 인구증가 지역의 부동산

단명하는 부동산-최근 군사시설보호구역(군부대 협의지역)으로 지정된 곳의 부동산, 보전녹지에 공익용보전산지, 여기에 경사도 25도 이상의 임야(설상가상), 상수원보호구역과 같은 강력한 규제의 부동산, 상수원보호구역은 수변구역이나 수질보전특별대책 1, 2권역과는 물 색깔부터 확연히 달라 융통성과 변통성이 전혀 없는 상수(고정성)지역, 이밖에 비무장지대의 개발계획지역 부동산

장수한 노인은 만족할 줄 아는 부자와 같다. 과욕을 버리고 소식을 즐긴다. 반면 단명하는 사람의 특징은 한방을 노린다.

장수비결을 정리하면 작은 욕심, 작은 생활, 작은 부자이다. 작은 것에서, 작은 곳에서 큰 것을 찾는다. 작은 곳에서, 작은 시간 내에 그림을 맘

껏 그린다.

100세 노인 중에 재벌은 없다. 권력자도 없다. 천년 만년 살 것 같았던 정주영 회장과 전 세계를 요새화할 것 같았던 김일성도 모두 80대에 이 세상을 하직하였다.

'실수요자가 증가한다'는 말은 '인구증가'를 의미한다. '투자자가 증가한다'는 말도 '인구증가'를 내포한다. 그러나 그 차이는 크다. 속성이 근본적으로 다르다. 실수요자의 증가는 장수 부동산의 존재감을 의미하는 것이요, 투자자가 증가한다는 것은 단명 부동산의 기생을 의미한다. 장수 부동산은 고정인구와 전입인구를 불러오지만, 단명 부동산은 유동인구를 끌어들인다. 빈 수레가 요란할 뿐 별 소득이 없다. 결과적으로 그 인구는 정착을 빌미로 일종의 쇼쇼쇼를 한 전출인구이기 때문이다.

미인박명(홍안박명)!

국립공원, 도립공원, 군립공원 등의 수려한 경관(외모)에 속아넘어가지 마라. 너무 화려한 곳엔 칼(개발)을 댈 수가 없다. 미인박명이다. 화려하고 거대한 희망이 많은 부동산일수록 그 수명은 생각보다 길지 않더라.

예 뉴타운과 기업도시 등의 '화려한 개발'은 생각만큼 성과가 없다.

땅 가치 분류 방법

가치는 기준과 잣대의 최후 심판! 땅 가치를 4가지로 분류하고자 한다.

1. 지명도(브랜드가 가지고 있는 힘)는 높지만 토지이용과 활용도가 형편없이 협소한 땅.

예 용인시(기획부동산이 탄생할 때부터 노렸다. 아주 강력한 먹잇감. 지금까지도 악용 대상이다.)

브랜드 가치가 큰 지역일수록 개발할 만한 곳이 아주 적어 잘못 구입하는 개미들을 본다. 과거, 판교신도시 개발 전에도 '판교'라는 이름으로 많은 기획부동산이 사기를 쳤다. 보전녹지를 팔아먹는 경우가 다반사다. 현장을 보여줄 때는 자연녹지나 일반주거지역을 보여주고, 등기는 보전녹지로 해버리니 주의가 요망된다.

2. 지명도는 형편없지만, 토지 이용이 아주 좋은 땅.

㉡ 봉화군

이름만 들어도 사람들이 외면할 것이다. 그러나 개발의 숙제를 많이 가지고 있기 때문에 토지이용의 활용도 면이나 잠재력은 오히려 용인보다 훨씬 크다. 편견을 버리고 잘 알아보자.

3. 지명도도, 토지이용도도 좋은 조건의 땅. 금상첨화이겠지만 가격이 만만치 않아 부자들의 전유물이다. 전국적으로 아마 0.1%도 안 될 것이다. 참으로 아이러니한 점은, 그 많은 개발계획이 난무하는 가운데서도 가용토지의 부피가 뚜렷하게 늘지 않는다는 것이다. 그만큼 개발에 관한 백지화 확률이 높을뿐더러 개발의 진행속도가 답답할 정도로 느리다는 증거다.

4. 지명도도, 토지이용도도 안 좋은 최악의 땅. 이런 땅을 파는 업자가 있다면 그 자는 인간이 아니다.

브랜드 파워를 上, 中, 下로 구별한다면, 6대 광역시 및 광역시 후보지 (고양, 성남, 수원 등)를 상위그룹 반열에 배치할 수 있다.

시 자격의 충분한 가치를 인정받을 만한 두 곳이 있다. 4대강 개발의 여주와 전원주택 1번지를 표방하는 양평이다. 잠재력이 큰 곳이다. 최근에 브랜드 파워의 다크호스로 떠오르는 곳이 또 하나 있다. 양평과 더불어, 춘천을 꼽고자 한다. 고속도로와 전철 개통의 영향력은 꾸준히 이어질 것이다. 이들 지역이 중간그룹에 속할 수 있다.

수도권을 제외한 지방오지의 지역들은 하류그룹에 속한다. 광역시 지역에 투자했다가 장기간 묶인 분들도 의외로 많다. 인천광역시 강화군의 경우가 대표적이다. 이름의 가치만 저울질한 패착이 컸던 것이다. 광역시 이름에 매료되어 정작 중요한 맹점을 지나쳐 버린다. 군사시설보호구역을 간과한 것이다.

이밖에도 부산광역시 기장군이나 울산광역시 울주군, 그리고 대구광역시 달성군의 경우도 드높은 이름값에 사람들의 관심도가 지나치리만큼 높다. 광역시라는 이유로 거품가격은 자연스런 현상이 되었다. 비정상이 정상의 모습을 하고 있는 것이다.

덧붙여, 규제수위도 문제점으로 떠오르고 있다. 광역시에 들어가 피해 본 분 중에 인천광역시 옹진군 영흥도에 들어갔다가 섬 특별법에 희생된 분도 보았다. 인천 브랜드에 100% 매료된 게 화근이다. 광역시 · 특별시라고 해서 맹점이 없으리라는 법이 없는데 안일하게 판단한 것이다.

계절별 땅값 상승기류

땅값은 계절과 밀접한 관계가 있다. 땅값은 마치 아프리카 물소떼 이동하듯 계절따라 큼지막하게 이동한다. 계절을 절대적으로 따른다.

땅값은 크게 비수기와 성수기로 분류된다. 한파가 있는 삼한사온의 겨울과 삼복더위 등 폭염이 기승을 부리는 여름은 비수기로 분류된다.

그러나 일부 부동산 부자들은 여름에 여우목도리를, 겨울에 에어컨을 저렴하게 산다. 부동산의 틈새시장을 노리는 것이다.

부동산의 비수기가 있기에 성수기가 빛나는 법이다. 겨울잠 자는 겨울을 재충전의 시간으로 친다. 인간이 활동하기에 최적의 조건을 갖춘 계절인 봄·가을에 매매가 활발하게 이루어진다. 이사 기간이다. 이삿짐센터가 분주한 계절이다. 봄과 가을은 땅값이 기지개를 크게 펴는 계절이다.

부동산의 매매가 활발하다는 뜻은 야생의 먹이사슬이 활발한 활동을 하고 있다는 것이다. 먹고(사기꾼이 아닌 매수인 출현을 의미) 먹히는(피해자 발생이 아닌, 매도인 발생을 의미) 자연의 섭리는, 자율적인 부동산 매매활동을 의미한다.

부동산 장르 중 유일무이하게 분할작업을 할 수 있는 땅. 봄과 가을에 역시 분할작업을 많이 한다. 사람들은 춥거나 더우면 마음의 여유가 있어도 활동적이지 못하다.

땅 분할작업은 생선 토막 내는 작업과 같다. 토막 내는 일 자체가 분할인 셈. 분할 후 생선(땅 1필지)에 상처가 나면서 나뉜다. 머리와 몸통, 그리고 꼬리 부위. 서로 몸통을 차지하겠다는 과욕 때문에 간혹 살인도 일어난다. 양보와 배려가 없다면 분할작업은 아주 힘든 일이 된다. 간혹, 기획부동산에서 나쁜 땅을 분양한다. 그 나쁜 땅을 분할하는 작업은 독이 있는 복어 토막내기이다. 분할 후, 독이 들어간 내장(안 좋은 위치의 땅)이 나온다.

비수기에 사서 성수기에 매도하는 부동산 부자를 관찰하라. 부동산 부자는 일반인과 다르게 움직인다.

땅값은 어지간해선 안 떨어진다. 미동조차 하지 않는 경우도 많지만, 의외의 경우의 수, 즉 무지막지한 변수 또한 수두룩하다.

경기 광주 도척면 궁평리에 있는 내 땅은 '곤지암 리조트'와 가깝고, 대그룹(L그룹)이 소유한 광활한 땅(궁평리 옆 도웅리)의 영향으로 많은 지가이동이 있었다(장기간 토지거래허가구역으로 묶여있지만 여전한 지가이동 현상은 유지되고 있었다. 지금은 거래구역에서 해방되면서 지가이동의 속도는 더욱 빨라지고 있다).

어지간해선 리조트 사업에 뛰어들지 않는 우리나라 재벌이 광주만은 예외로 만들었다. 지가이동의 동력을 지주와 더불어 도운 격이다. 제대로 된 땅값은 절대 지주 혼자서 못 올린다. 내 땅의 가격상승 기류를 보면, 다른 토지의 가격이동의 모형도 만들어진다. 1년 365일 중 오르는 속도가 계절마다 확연한 차이가 있다. 오름 폭도 차이가 난다. 오름의 색깔 역시 다르다. 시가형성과 호가형성이 그것이다. 전자는 거래가격에 의해 만들어진 가격이고 후자는 거래선 없이 만들어진 거품가격이다.

봄—전원주택의 붐이 꾸준히 이는 가운데 봄기운은 매우 강력하다. 대지(고원)를 전용해 고급 빌라촌을 형성한다. 분양가가 그다지 싸지 않은 가운데서도 분양성적표가 좋다. 봄의 입김이 커 1년 중 가장 많은 사람들이 3~5월초까지 몰린다. 공사(개발)하는 소리가 아주 크게 들리는 때가 이때이며 이 소리 안에서 땅값 폭등도 일어난다. 봄에 오르는 땅값은 다른 계절의 부러움을 사기에 부족함이 없다. 오르는 속도도 빠를뿐더러 오름폭도 높고 가격 넓이 또한 광활함을 잃지 않는다. 다시 말해, 일단 들어간 가격은 비록 거품가격일지라도 어지간해선 안 빠진다는 의미이다.

여름-가격이 미동한다. 하지만 삼복더위 때는 가격이 여름잠에 들어간다.

초가을-가격이 역시 미동한다. 여름에 미동하는 모습과 성격이 다르다. 봄철에 많이 올랐던 가격의 찌꺼기이다.

가을-가격이 역동한다. 수확기로 말과 하늘이 살찌니 가격에도 살이 오른다. 생기가 돈다. 한가위 때 많은 움직임을 볼 수가 있다.

겨울-가격이 미동한다. 농한기라고 해서 가격이 노는 것이 아니다.

이러한 과정을 악순환이라고 평하는 사람도 있다. 일련의 악순환의 과정을 밟은 내 땅은 10년 만에 폭등현상을 보이고 있다. 10여 년 전에 5만 원도 안 가던 땅이 지금은 호가와 시가에 힘입어 200만 원이다. 요즘 불경기라 이러한 가격이 책정되었지만, 인근 부동산업소들은 1~2개월이 지난 즈음엔 250만 원 이상까지도 갈 수 있다는 전망을 내놓고 있다.

자, 여러분도 지금 가지고 있는 땅이 있다면 1년 365일 땅값 동향, 상승기류를 알아보시라. 그리고 땅이 없는 분들은 내가 사고픈 땅을 이러한 방식으로 공부하시길 바란다.

3~5월초-땅 가격이 폭등한다.

7월말~8월초-가격이 잠을 잔다. 휴가철이라 가격도 휴가 중이다.

대학과 땅

몇 해 전만 하더라도 대학의 상권은 부동산 주인들의 노후를 보장했다. 그러나 지금은 어떨까. 대학진학률이 85%를 육박하며 우후죽순 식으로 생긴 상아탑 탓에 대학도 대학 나름이 되었다. 대학이 부도나는 세상이다. 대학상권을 믿고 임대사업전선에 뛰어들어 물 먹은 자 의외로 많다. 겉만 보고 쉽게 판단한 결과이다.

대학과 땅의 유착관계를 잘 살펴보아야 한다. 대학의 역사에도 함정이 있다. 무조건 오래되었다고, 전통과 역사가 오래되었다고 좋은 대학이 아니란 것이다. 현존하면서 계속 소프트웨어가 계승, 발전되어야 한다는 점이 아주 중요하다. 과거는 과거일 뿐이다. 발전되고 있는 대학을 수소문해야 한다.

또 실속 없이 면적만 넓다면 문제다. 캠퍼스만 넓다고 실력 있는 대학은 아니다. 건물이 많다고 좋은 조건도 아니다. 건물의 수가 아니라, 그 활용도가 매우 중요하다.

면학률이 현저히 떨어지고 입학정원 미달이 반복되는 대학 인근의 땅은 가치가 별로 없다. 취업률이 저조한 대학도 문제를 야기시키는 재료이다. 지속적으로 취업률이 낮아지면 그 소문에 의해 입학정원 미달 사태가 벌어진다. 이러한 가운데 대학 인근의 부동산을 찾는 자가 점차적으로 준다. 인구(학생 수)가 줄면 인근 상권 파괴가 서서히 일어난다.

서울 쌍문동의 모 대학의 경우, 시설 면에서는 여느 대학에 뒤지지 않는다. 그러나 실속 면에서는 큰 의심을 품게 만든다. 용인 죽전의 모 대학도 시설 면에서 최고이다.

두 대학 모두의 공통점은 부동산을 많이 보유한 부동산 부자 대학이라는 것이다. 하지만 인근의 상권은 형편없다. 용인의 경우, 단독주택이나 아파트가 많이 빈 상태에서 상권이 파괴되어 있다. 주거와 상업지구가 원활하게 움직이지 못한 것은 전적으로 대학에 원인이 있다. '대학'이라는 하나의 큰 재료, 이슈로 따져보지 않고 부동산을 매입하는 자가 많으니 말이다. 밀물처럼 들어올 때가 언제인가 싶게 썰물처럼 빠져나간다.

마지막으로 대학의 규모와 시설 등 하드웨어 하나만 보고 인근에 덜컥 부동산을 매입, 투자하는 일이 없기를 바란다. 특히 상가의 경우, 많은 권리금을 주고 들어와 낭패 보는 일이 없었으면 한다.

대학가 인근의 땅을 구입할 때는 해당 대학의 정원수와 미달 여부, 면학률과 취업률, 유동인구(학생 수와 교직원 및 교수의 수)와 고정인구(거주자 인구―그중 학생의 원룸 등의 이용도)를 따져보아야 한다. 대학의 시설과 규모, 부동산의 수는 빛 좋은 개살구가 될 수 있으니 변별에 신경 쓰길 바란다.

차별화가 관건

    땅값은 지주 마음대로 정해지기 때문에 천차만별이다. 땅값의 종류는 종교의 종류보다 더 많을 것이다.

    국민의 3대 의무 중 국방의 의무는 남자로서는 아주 부담되는 의무이다. 이와 같은 수위로 볼라치면, 군사시설보호구역도 큰 부담이 아닐 수 없다. 철원이라는 곳은 국내 유일무이한 100% 군사시설보호구역이다. 국토가 남북으로 갈린 상태인 철원 땅은 행정구역 상, 강원도면서 남북한이 절반씩 허리가 잘린 상황이라 위험한 지경이다. 그래서 우리나라에서, 아니 세상에서 제일 싼 땅이 발견되고 있다. 수년 만에 땅값이 폭락한 것! 수년 만에 땅의 오점과 맹점이 발견된 것이다.

    군사시설보호구역 내 땅의 종류는 크게 2가지로 나뉜다.

1. 군부대 협의지역(군부대에서 개발허가를 받아야 하는 부담이 큰 지역)
2. 행정위탁지역

    서울 수유리에 사는 강 씨는 자신의 철원 땅(임야 2만여 평)을 평(3.3m²)당 500원에 일간지 신문광고에 내놓았다. 이렇게 싸게 내놓아도 강 씨는 손해 볼 것이 없다. 조상 땅이라 취득가액이 없어서다.

    문의전화가 빗발쳤다. 우리나라 사람 대다수가 땅 한 평 없으니 문의전화가 당연히 많은 거다. 게다가 아파트 투자시대가 저물고 있다. 그러나 문의전화는 어느 순간 생명을 다하고 말았다.

"왜 그렇게 싸게 파는 건가요?"

"제 땅 주위에 지뢰가 100만 개 매설되어 있습니다."

국방부와 군부대에서 들은 부동산 정보가 맹점으로 작용한 것이다. 군사시설보호구역의 종류는 크게 2가지가 아닌, 3가지라는 사실을 꼭 가슴 깊이 새기길 바란다. 함정과 맹점을 알려주는 위정자는 없으니 잘 판단해야 한다.

땅의 발전과 개발은 차별화가 관건이다.

차별화＝희소성, 희소가치의 잣대

내 땅이 다른 땅과 무엇이 다른지 알아야 한다. 땅의 변수도 종류가 둘이다. 좋은 변수와 나쁜 변수가 그것. 군사시설보호구역으로 지정되어 있던 내 땅이 변수가 작용해 군사시설이 이전한다는 것은 아주 좋은 변수이나, 반대로 갑자기 내 땅에 군사시설이 들어선다면 나쁜 변수이다.

땅에 관한 새로운 이슈가 있다는 것은 차별성을 갖게 한다. 확실하고 빠른 차별화를 위해 내가 직접 개발에 손을 대는 방법도 있다. 내 땅을 색다르게 만들라.

예를 들면 용인 내에서도 서로 다른 개성을 가진 땅이 많다.

60억 세계 인구 중 똑같은 사람은 없다. 일란성쌍둥이도 다르다. 하물며 땅은 오죽하랴. 약 300억 평(10만 5,594km²)이 넘는 우리나라 땅들도 똑같은 땅은 없다. 개성이 다 있다. 그 개성은 지주의 노력과 열정, 지혜에 의해 업그레이드되는 것이다.

무대는 이미 제공되어 있다. 그 무대를 어떻게 활용을 하느냐가 큰 관
건이다.

제3장
주의사항

1. 부동산은 지혜로운 자의 전유물

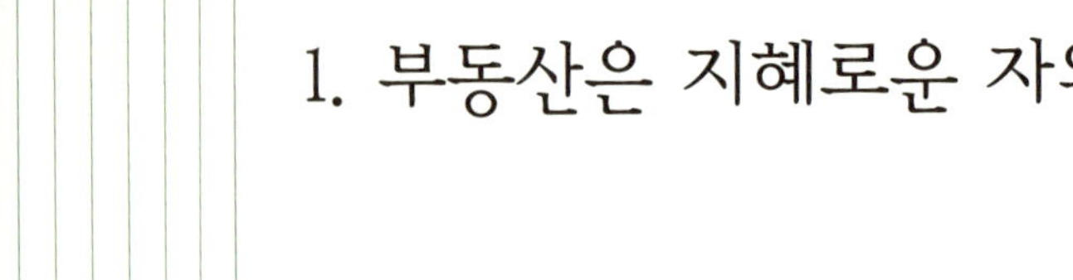

투자의 기본원칙

투자하기 전에 마음가짐을 체크해야 한다. 과욕은 죽음이다. 작은 욕심으로 시작하는 것과 과욕으로 투자하는 것의 결과는 극과 극으로 나타난다.

투자의 기본원칙을 알자. 적은 돈으로 길게 묻어놓는 방식이 투자의 기본 방정식이다. 누가 봐도 여유가 있어 안전해 보인다. 올인하는 모양새는 위험한 모습이다. 투자가 투기로, 급기야 도박화가 되는 지경까지 이른다. 투자를 도박처럼 하는 습관은 아주 위험하다.

'투자는 도박이다' 라고 생각하는 기본투자 방식은 큰돈으로 짧은 기간 내에 승부를 걸게 만든다. 마치 휘발유통을 안고 불길 속을 뛰어들어가는 행동과 별반 다르지 않다.

> 투자형식－투자금액은 적게, 투자기간은 길게.
>
> 투기행태－투자금액은 많게, 투자기간은 짧게.

부동산 투자의 3有와 3無

3有

1. 부동산에 대한 자신만의 강한 철학+이데올로기+주관성

2. 부동산 공법에 관한 상식(지식)과 지혜

3. 되파는 방법 잘 알기

3無

1. 한탕주의, 한방주의

2. 정부를 맹신하는 행동, 정부의 식민지로 만들지 마라.

3. 인간에 대한 강한 맹신

투자 시, 수용할 것(3有)과 수용하지 말아야 할 것(3無)은 분명 존재한다. 정부에 순종하는 시대는 갔다. 부동산과 나를 믿는 투자방식을 선택하자. 가슴으로 투자하는 게 좋다. 지혜로운 투자 방식은 현장에서 보고 배운 것이 바탕이 된다.

부동산 투자의 3有는 어찌 보면 5有이다.

갈수록 헷갈리는 부동산 상수들

부동산의 상수—위정자의 각종 정책들
부동산의 변수—컨설턴트의 각양각색 컨설팅. 상황에 따라 컨설팅 내용을
각색(극본)하기도 한다.

부동산 가격은 상수가 아닌 변수에 의해 움직였지만, 갈수록 예측이
불가능해지고 있다. 많은 상수들이 변수로 변질되는 판국이다. 이것은
국민들이 정부를 맹신하지 않는다는 증거다. 부동산 가격은 틀에 박힌
상수가 아닌 카멜레온 같은 변수에 의해 상승곡선을 타야 하지만, 우리
나라 부동산 가격은 상수, 즉 정부 정책에 의해서도 가격이 상승된다. 거
래 활성화 목적으로 나온 8.29(2010)대책에 매수자가 매수를 포기하는
사례가 다반사로 일어나고 있는 것이 대표적인 예다.

왜? 매도자가 가격을 올려버렸기 때문이다. 매수예정자가 예상했던
가격과 거리가 멀어지니 당연히 매수 건수가 사라지는 것. 매수, 매도자
간에 손발이 안 맞는다.

정부 정책 중에는 이미 상수의 일생이 변수로 변한 경우가 많다. 각종

도로 공사와 전철 공사는 상수가 이미 아닌 변수다. 지주들의 변화가 무섭다. 정부와 지주가 함께 변수작용을 일으킨다.

정책 중에 규제책은 하락과 소강상태를 유발한다. 예로 토지거래허가 구역 지정 등이 있다. 갈수록 그 양과 넓이, 깊이가 줄어들고 있는 상수가 큰 문제다. 정실주의의 온상이 부동산을 만든다.

부동산은 생활의 일부에 불과하다

부동산은 생활의 일부라는 인식을 가져야 한다. 인생의 전부는 아니다. 선택이다. 돈이 인생의 일부이지, 전부가 아닌 이유와 일맥상통하는 것이다.

인식이 많이 변했다. 5년 안에 5,000만 원으로 5억 벌기보단, 5년 안에 500만 원으로 5,000만 원 벌기가 더 쉬워지는 세상이다. 부동산 도박시대가 저문 이유이다. 아무리 부동산이 돈 놓고 돈 버는 재화였다지만 더 이상의 착각은 금물이다. 5년 안에 50만 원으로 500만 원 만들기가 더 쉽다. 갈수록 부동산이 금융의 성격을 빼닮아가려 한다. 금융의 습성을 여과 없이 받아들이는 추세이다. 부동산이 아이의 저금통장으로 변모한다. 5년 안에 5만 원으로 50만 원 만드는 초등학교 저축상품으로 변해가고 있는 것. 어른이 아이 수준으로 전락하고 있다지만 너무 부정적일 필요는 없다.

더 이상의 숫자놀음에 휘둘리지 말자. 비만과 부동산의 거품은 비슷한 성격을 가진다. 비만의 경우를 생각해 보자. 살찌기는 쉽지만 살 빼기는 어렵다. 부동산 거품도 매한가지다. 일단 들어간 지방(거품)은 잘 안 빠진다. 다이어트 기간이 길다. 단기간 내 살이 안 빠진다. 요요현상이 반복된다. 악순환을 반복한다.

급등현상→규제→완화→급등현상

부동산 지방(거품)도 단기간 내에 안 빠진다.

단기간–살찌는 기간, 거품이 끼는 기간
장기간–살 빠지는 기간, 거품이 빠지는 기간

결론적으로 부동산의 숫자놀음의 도박은 쪽박의 전초전이다. 안전 위주의 매입 계획을 세우도록 하자.

겉모습만 보면 큰일 날 수 있다

땅의 겉모습만 보면 큰 착각을 불러올 수 있다. 예를 들면 국립공원이나 도립공원, 군립공원 등의 겉모습은 누가 봐도 아름답고 매력이 철철 넘친다. 금세 땅 주인이 되고픈 마음이 생긴다. 그러나 겉에 비해 속이 아름답지 않다. 장애요소가 많다는 의미이다. 국립공원 등은 자연보호 위주이지 사람보호 위주가 아니기 때문에 사람에게는 적이 될 수 있다. 자연보호는 개발과 무관하나, 사람보호는 개발과 깊은 관계가 있다. 사람보호는 재산권 보호와 사유재산권 보호를 해준다는 의미다.

서류상으로 토지 이용이 어려우면 그 땅은 이미 존재감을 상실한 상태이다. 얼굴이 아름답다고 속마음도 아름다울 것이라는 생각은 큰 착각이다. 못생긴 사람이 착한 경우가 있지 않은가. 반대로 땅의 겉모습이 형편없다고 속도 형편없을 것이라는 착각 역시 오산이다. 외모에 비해 상용이 괜찮은 땅이 상존한다.

화장술, 성형, 외제차로 상대를 유혹한다. 임시방편이다 못해 찰나적이다. 신도시 보상비를 받기 위해 비닐하우스를 임시방편으로 만들고, 나무를 심는 꼴이다. 화려한 겉모습과 위장술은 위험하다.

토지의 나이와 죽은 땅

토지의 나이는 토지의 수명이다. 토지의 나이는 다 똑같다. 인류가 탄생한 때를 기준으로 토지 나이를 가늠할 수 있다. 대한민국 토지 약 300억 평의 나이는 다 똑같다. 단, 지주의 영향력에 따라 젊고 늙고 병들 수 있다. 변수이다. 죽은 땅은 사용할 수 없는 절망적인 땅. 지주가 재산권행사를 못하는 처지의 땅이다.

젊은 땅-잠재력 많음

늙은 땅-잠재력 적음

병든 땅-장기 규제+단기 규제의 땅

땅의 나이는 둘로 나눌 수 있다.

1. 인위적 나이=100살 정도(일제강점기 일제식 지적정리)

2. 자연적 나이=약 5,000살

젊은 땅-도시개발 예정지역의 땅

늙은 땅-도시개발이 백지화된 땅, 유령지역의 땅

　　　예 소송이 잇따라 발생되는 뉴타운 개발사업지구

병든 땅-군사시설보호구역(군부대 협의지역) 내의 토지거래허가구역의 땅 땅의 일생은 지상건축물로 변모하면서 생을 마친다. 땅을 밀가루라고 한다면, 밀가루(개발계획 및 프로젝트)를 반죽해서 국수(아파트), 케이크 (주상복합아파트), 과자(오피스텔) 등을 만든다. 밀가루로 만들 수 있는 것은 인간의 머리에서 다양하게 뽑어져 나온다.

땅은 아파트 등의 재료로써 생을 마감하면 새로운 부동산으로 나이를 얻게 된다. 땅의 용도가 변환되면서 새로운 나이를 얻는다. 예를 들면 밭을 대지로 농지전용한 후, 시골에 단독주택을 짓는다면 전원주택으로써의 새로운 나이를 얻는 것이다. 새로운 삶을, 새로운 인생을 살게 된다.

아파트 최고 나이-40년(재건축)
단독, 빌라, 연립 등의 최고 나이-40년 미만(재개발, 뉴타운)

부동산 중 땅의 나이가 가장 많다. 나라에서 개발 명분을 내세워 강제로 철거하면 부동산 일생은 마감된다. 아파트 나이(수명)는 점점 짧아지며 빌라 등 타 주택도 그 수명이 짧아지고 있는 판국이다. 개발(재건축, 재개발, 뉴타운 등)사업이 주요인이다. 부동산 개발을 수익성에만 초점을 맞추니 갈수록 파국을 맞는 횟수가 잦아지는 것이다.

땅의 수명도 짧아지기는 마찬가지다. 국책사업을 내세워 각양각색의 모양으로 개발을 하기 때문이다.

예 4대강, 새만금, 세종시, 혁신도시 등

강남과 강북의 차이

강북은 서울의 끝자락, 한계선에 위치한다. 더 이상 갈 수 없는 군사시설로 이어진다. 북한으로 향하는 고자세와 산세가 아주 불편한 모습을 하고 있다. 위로 올라갈수록 냉기가 엄습한다. 체감온도가 뚝 떨어진다.

강남은 남쪽, 따뜻한 제주도까지 이어진다. 잠재력이 보인다. 희망의 불빛을 안 보려 해도 자연스럽게 보인다. 남쪽으로 갈수록 온기가 느껴진다.

부동산을 볼 때, 산을 보고 기준을 삼아라. 산이 다양하고 많다는 것은 그린벨트의 다양한 존재, 상존, 기생을 의미한다. 산림보호는 곧 규제를 의미한다.

사람은 철저한 보호의 대상이지만(보물단지), 부동산은 보호의 대상이 된다면 애물단지인 것이다.

다 아는 것은 불가능하다

우리는 가끔 언론을 통해 부동산학 박사학위 수여자를 본다. 그를 전문가라고도 서슴없이 말한다. 억지로 인정하는 사회 분위기다. 그들이 과연 부동산(이론＋현장)을 잘 알고 있을까.

나는 그렇다고 보지 않는다. 다른 학문과 다르게 날씨처럼 미래를 전망하고 예측하는 일도 포함된 학문이 부동산학이다. 부동산 투자를 희망하는 초보자나 왕초보자는 잘 알아야 한다. 부동산에 관해 모든 것을 알아야 한다는 생각은 어리석은 생각이다. 큰 욕심이다. 부동산은 경기에 예민하고 사람들을 자극하고, 반대로 사람들이 부동산을 자극하는 예측 불허의 일들이 많이 일어난다. 변수, 변질, 변화 등 '변'이 많다.

종교인을 보자. 목사는 예수와 하나님을, 신부와 수녀는 하느님을, 승려는 부처님을 평생 연구하고 공부한다 해도 성인에 대해 완벽하게 알 수가 없는 법이다. 늘 부족하다.

그 부분에 대해서는 공부하고 있는 본인들이 더 잘 알 것이다. 아주 많이 부족하다는 것을 말이다. 만약 '나는 다 알고 있다'고 스스럼없이 말하는 종교인이 있다면 자격 미달이다. 우선, 겸손하지 않은 성직자는 성직자가 아니다.

시대에 역행하는 사람은 존재 가치가 없다. 변화의 연속이다. 모든 분야에서 완벽하게 알 수는 없다. 하지만 부동산은 아는 게 힘임은 분명하다. 모르는 게 약이 아닌 것이다.

그러나 부동산과 다르게, 우리가 인생을 살면서 모르는 게 약인 경우는 있다고 본다. 고위층의 비리와 나라를 얼룩지게 만드는 정치인들의 비리, 건설사와 대기업의 비리 또한 모르는 게 큰 약이다.

부동산을 전부 알 필요는 없다. 꼭 알아야 할 맥(기초)과 나름대로의 철학이 들어가 있다면 괜찮은 상황이라고 본다. 그 이외에 욕심을 내면 부동산 투자는 영원히 희망에 불과할 것이다. 희망으로만 산다는 것은 허명무실한 것이다. 희망은 결과물이 생성되었을 때만이 그 가치를 인정받는 것이니까.

2. 땅 급하게 매도하지 마라

땅을 수사하라

땅 투자를 하기 전에 수사관처럼 조사하라. 국립과학수사원처럼 하라는 뜻이다. 부동산 투자는 '발견'하는 작업이다. 부동산을 정밀히 조사해 장점과 맹점을 발견하면 괜찮은 투자가 될 수 있다. 부동산 주인으로서의 자격이 충분하다 하겠다. 주마간산 식으로 업자의 말만 맹신한 채 투자하면 실패하게 된다. 부동산 주인이 될 자격을 이미 잃은 것이다. 부동산 사기에 노출된 상황이다.

부동산 사기꾼에게 기자가 물었다.

기자: 왜 그 건물을 불법건축했나요?

사기꾼: 놀이터에 어린이만 놀고 있습니까? 김치냉장고에 김치만 넣으라는 법 있습니까?

부동산 조사를 잘 못하면 사기꾼에게 보기 좋게 당하고 만다. 잘 알고 나서 부동산에 투자해도 늦지 않다. 부동산을 잘 알고 나서 투자해야 하는 이유는 충분히 있다. 차후에 후회(실망)하지 않기 위해서다. 잘 알아야 하는 이유는 리스크를 줄이기 위한 하나의 큰 일환이다. 부동산 공부를 피나게 하는 이유도 마찬가지다.

일상생활 안에서도 위험요소는 참 많다. 부동산 세계에서도 위험요소는 많이 도사리고 있다. 리스크 0%를 만들 수는 없지만 노력하는 것이다. 변수가 많은 것이 부동산이다. 잘 알고 리스크를 제거 후, 투자를 시작하라.

군사시설보호구역 해제가 힘든 이유

'군사시설보호구역을 해제한다' 는 말이 많지만, 그리 만만한 작업이 아니다. 다른 장기규제책과 색깔이 다르다. 우리나라는 세계 유일무이하게도 분단 휴전국가에다 국민의 3대 의무 중 하나가 '국방의 의무' 아닌가. 군사시설보호구역을 풀려면 군부대를 이전해야 한다. 멀쩡한 우리 동네에 군사시설이 들어선다면 누가 반기겠는가. 이사(해제)를 하려면 입주할 집(규제 시작)을 마련하고 나서 이사해야 하는 것 아닌가. 군부대 이전을 하면 혜택을 보는 사람이 있고, 반대로 희생자가 발생된다. 희생자는 피해자 발생을 의미하지 않는가. 모든 지역행정이 군부대 위주로 돌아갈 것이니 말이다. 규제 속에 들어가길 바랄 자 몇이겠는가.

군부대에 의해 강제수용당한 주부도 목격되는 현실이다. 인천광역시 강화군 땅을 매입해 몇 년이 흘러 군부대에서 청천벽력과 같은 소리를 들어야 했던 김 씨(50)도 군사시설보호구역에 의해 피해를 본 케이스다. 인근 부대에서 지역 국방 강화를 위해 김 씨 땅을 점유하는 바람에 투자 액에 비해 아주 적은 보상비를 수령한 채 눈물만 흘려야 했다.

국방을 강화해야만 하는 우리나라에서 군사시설보호구역의 땅은 언제 터질지 모르는 지뢰밭으로 봐야 한다. 김정일 자체가 폭탄이지 않은가. 다시 말해, 군사시설보호구역의 땅은 불안하다. 풀린다고 발표하고도 오래 걸렸던 위례신도시 사례를 보면 잘 알 것이다.

인구 증가하는 곳 투자 시 주의사항

투자자의 공통적인 생각은 거의 하나다. 사람들로부터 관심과 인기 있는 곳의 땅을 사는 것. 인구가 증가하는 곳을 눈여겨 볼 것이다.

하지만 주의할 점이 있다. 인구는 유동인구와 고정인구가 있는데, 고정인구보다는 유동인구에 유념해야 한다. 유동인구는 뜨내기들이다. 관광인구로 호가만 일시적으로 올려놓는 역할을 한다. 국립공원이나 도립공원 등의 화려한 경치에 일시 혹해 투자하는 경우를 왕왕 목격한다.

이에 반해, 고정인구는 택지조성 등에 필요한 인구로 시가 또는 거래가격으로 인정받는다. 좋은 땅은 고정인구와 유동인구가 함께 조화롭게 들어가 있는 곳이다. 주거지대가 형성되어 있거나, 기계화된 산업단지가 아닌 인간을 필요로 하는 산업단지가 조성된 곳의 땅으로 인근에 관광지가 형성되어 있다면 가장 좋다.

인구도 질이 있다. 경제활동인구와 비경제활동인구가 그것. 전자는 65세 이하를 말하며 후자는 65세 이상의 노인을 말함이니 경제활동인구의 중요성은 아무리 많이 강조해도 모자란다. 강원도 정선 등의 오지에 노인이 많은 데 반해, 수도권에 젊은 사람이 많이 산다는 것에 밑줄을 긋자. 땅값을 근본적으로 움직이게 하는 인구는 경제활동인구라는 사실에 의심할 여지가 없다.

실패에서 배우는 교훈

서점 및 백화점 문화센터에서 강의하다가 만난 땅 투자 실패자들에게서 깊은 그늘을 본다. 실패한 사람들의 공통점은 땅 매입 시 살펴볼 숲과 나무를 등한시했다는 것이다.

서점에서 만난 김 씨(50)는 용인 보라리라는 땅을 어느 업체에서 매입했다. 5년 이상을 보유하고 있다가 집을 짓고자 관청에 알아본 결과 크게 실망을 하지 않을 수 없었다. 상수원보호구역이라 집을 지을 수 없었기 때문이다. 건폐율과 용적률이 낙제점 수준이다.

백화점 문화센터에서 본 또 다른 최 씨 역시 같은 이유로 용인 땅을 매입해 재산권 행사를 못하고 있었다. 집을 짓겠다는 계획은 물거품이 되었다.

앞의 두 실패 사례를 통해 배울 점이 있다. 숲(브랜드=용인은 광역시 후보지)에 대한 매력+마력에 혹해 진정 중요한 나무(맹점, 토지이용)를 신경 쓰지 않은 것이다. 숲은 멀리서 볼 수밖에 없어 단점이 안 보이나, 나무는 가까이에서 볼 수 있어 맹점까지 감지할 수 있다.

땅을 살 땐 실수요 목적으로 사야 하지만, 앞의 두 주부는 투자 목적이 강했다. 남편 몰래 투자했는데, 사실 가족회의 끝에 결정했어야 했고, 실수요 목적과 활용에도 신경 써야 했다.

이들은 업자의 거짓된 개발정보에 혹했다. 진짜 알찬 정보는 나 이외에 공무원만 알고 있고, 활용도(건폐율과 용적률)가 높은 것이 진짜 '정보'인 셈이다. 내가 사고자 하는 땅에 대해 세세한 점을 나 이외에 누가 또 알겠는가. 대통령도 모른다. 사생활이니 말이다. 실수요, 활용도를 정보로 인식하고 매입하다 보면 자연스럽게 투자는 이루어진다.

보기 좋은 땅은 항상 인기가 있다. 인기 있는 땅과 따돌림 당하는 땅의 차이는 극과 극을 달린다. 환금화의 큰 차이다.

숲은 참고서로 나무(맹점 등)는 교과서로 인지하자. 큰 개발재료에 매료된 개발청사진은 위암말기의 미스코리아 모습이다. 위장(토지이용)이 튼실한 뚱녀(땅)가 훨씬 낫다.

앞의 두 주부는 거품가격에 희생당했다. 평당 1~2만 원의 가치도 안 되는 상수원보호구역 내의 땅을 브랜드 값으로 무려 80만 원에 매입했고, 업체는 도망간 상태다.

땅 구입 시, 숲(거시적, 추상적)과 나무(토지이용 및 맹점)를 분명히 살펴야 한다. 대한민국에 숲은 다 있다. 지방분권화 시대, 지방자치를 시행하는 국가이기 때문이다. 숲은 내 의지대로 움직일 수 없지만, 나무는 내 생각대로(재산권 확보가 된다면) 움직일 수 있다.

대학 간판(숲)만 보고 들어가느니, 차라리 전공과목(나무)을 보고 들어가는 게 낫다. 명문대(브랜드, 숲)를 졸업해도 전공(나무)을 못 살려 취업이 안 되면 소용이 없다. 자신의 적성에 맞는 과 선택, 즉 나무를 보는 일이 중요하다.

땅 투자 역시 브랜드, 숲만 보고 들어갔다간 큰일! 자신의 적성, 즉 나무에 신경 써야 취업(수익)이 된다.

4륜 구동과 2륜 구동

4륜 구동차(승용차)가 2륜 구동차(오토바이나 자전거)보다 안전하다는 것은 누구나 알고 있다. 마찬가지로 부동산 투자 시 조건이 4가지인 경우와 2가지인 경우가 있다면, 당연히 4륜 구동(4가지 조건의 다른 표현)이 안전하다. 부동산 투자 시, 조건을 많이 달수록 안전하다는 뜻이다. 토지투자의 4가지 조건을 밝힌 바 있지만 다시 한번 짚고 넘어가자.

1. 여유자금으로 움직이기

2. 여유시간 갖기

3. 개발상황 체크하기

4. 시세 잘 파악하기

만약 3번과 4번만 활용한다면 불안할 것이다. 2륜차의 모양새와 같다. 반대로, 1~4번까지 모두 완벽히 수호한다면 4륜차의 모양새로 2륜차보다 훨씬 안전할 수밖에 없다. 사고확률을 대폭 줄일 수 있는 것이다. 부동산 투자 시, 필요한 조건이 많고 다양할수록 투자는 유리해진다.

부동산 투자는 수학공식이 아니다. 공식이 없다. 왕도가 있다면 다 성공해야 정답! 그러나 자포자기는 안 된다. 나름대로의 투자공식을 만들자. 조건을 따져 하는 결혼은 안 좋다고 하지만, 조건을 따져 하는 투자는 좋다. 결혼은 사랑 하나만 보고도 할 수 있지만, 투자는 안 그렇다. 돈만 가지고 투자에 발을 들여놓으면 십중팔구 사기당하기 십상이다.

기왕이면 4륜 구동차를 이용하라. 4바퀴가 잘 굴러가야 사고 없는 안전운행이 가능하다. 오토바이 사고(촉박한 마음으로 무리한 대출로 투자하는 행위)는 날로 늘고 있다. 급하면 위험하다. 사랑엔 무조건이 통하겠지만, 투자엔 결코 무조건은 안 통한다. 여유자금과 여유기간이라는 조건을 무시하면 위험해진다. '여기에 무조건 투자하면 돈이 된다' 는 소리는 무식한 소리다.

역역세권 주의

역세권에 대한 환상이 심하면 거품가격과 규제의 사슬에 묶일 수 있다. 결국 돈이 묶이는 것이다. 비역세권 못지 않은 흉물스런 상태의 역세권이 있고, 수용당하는 통에 막대한 손실을 보는 경우가 있다.

예를 들면 미아삼거리역과 수유역 사이의 미아역의 경우 샌드위치 상태에서 이것도 저것도 아닌 상태의 어정쩡한 비역세권의 모양새를 계속 유지하고 있다. 역세권이면서 상당한 약세권 범주에 들어 함께 공존 중인 옆의 수유역이나 미아삼거리역에 비해 좀 약한 곳이다.

마찬가지로 서울대입구역과 신림역 사이의 봉천역 또한 이것도 저것도 아닌 비역세권이다. 생색만 낼 수 있는 역세권이다. 빈 수레가 요란한 상태라고나 할까. 명성에 비해 실속이 실종됐다.

수용 여부에서도 판단을 잘해야 한다. 수용 여부를 이해하기 위해 하나의 예를 들면, 서울역 광장 앞의 땅과 용산역 광장 앞의 땅은 결코 개인의 땅이 될 수 없다. 토지수용법의 악법에 희생양이 되면 손해가 막심하다. 역세권에 관한 환상에 사로잡혀 거품가격에 희생양이 되지 않기를 간절히 바란다.

브랜드 하나만 믿지 마라

투자는 숲과 나무 모두 잘 보아야 한다. 숲은 거시적이고 나무는 미시적이다. 나무를 봐야 하는 이유는, 맹점을 수월하게 찾기 위함이다. 숲을 봐선 맹점 발견이 쉽지 않다. 숲(브랜드와 지명도)만 보다간 투자 실패로 이어지기 쉽다. 브랜드 하나만 보고 들어갔다가 실패한 사람들은 우리 주위에 많다.

예컨대 용인, 고양, 남양주, 하남(이상 땅값 폭등세가 지속되는 곳)이라는 강력한 브랜드에 일시 혹해 투자금액을 묻어놓았다가 영원히 묻어두는 경우가 일어나고 있다.

용인이라는 브랜드는 100점에 근접한 상태지만, 미시적인 사항인 토지이용(건폐율, 용적률 등)을 전혀 할 수 없는 경우가 의외로 많다. 이렇다면 큰 낭패를 보는 것이다. 자손대대로 물려줄 수밖에 없는 지경이 된다. 땅의 값어치가 무용지물이 된다.

용인 전체를 개발 선에 집어넣을 수 없다. 공법상 다 개발할 수 없는 환경이기 때문이다. 개발지대가 있다면 보전녹지를 꼭 필요로 한다. 자연환경보호지역이 필요하다. 고양이나 남양주, 하남도 땅값폭등현상이 많이 일어나지만 미개발지역에 상당한 주의가 요망된다.

마찬가지로 봉화와 같이 용인보다 상대적으로 지명도가 많이 떨어지는 곳이라고 해서 다 가치가 없는 것은 아니다. 봉화군도 대한민국 부동산 공법을 따라야 하는 곳이기 때문이다. 오지 지역이라도 땅 전체가 미개발지역으로 남을 수는 없는 법이다. ‘괜찮은 지역 짚어주세요’ 하는 물음에 답하기 어렵다. '괜찮은 땅 짚어주세요' 는 차라리 낫다. 열 손가락(251개 지자체) 깨물어 안 아픈 손가락(각 지자체) 없는 법이다.

개발의 숲과 나무

'개발에는 장점만 있다' 는 착각 속에서 투자전선에 나선다면 낭패 볼 확률이 높다. 삼라만상 빛이 있으면 그림자가 있듯 개발의 맹점도 분명 존재한다. 개발 속에는 숲과 나무가 존재한다. 개발의 종류는 크게 4가지가 있다.

1. 국책사업—새만금, 세종시, 4대강 개발 등의 사업이 국책사업이다. 말 그대로 나라에서 무한 책임을 지고 진행한다는 취지가 담겨 있는 거대한 공룡 사업이다. 덩치가 큰 만큼 기대 또한 커 장점도 확연하다. 수월하게 부동자세의 부동산 값을 전격 급등 내지 폭등시킨다. 그러나 맹점은 사업기간이 장기화될 수 있고 사업비가 천문학적일 수 있어 불안해 보인다는 것. 개발면적도 너무 넓다. 덩치가 큰 만큼 체격, 에너지 소비도 크다. 비현실적일 수 있어 국민들은 동상이몽의 꼴도 목격할 수 있다. 정권이 바뀌면 변색 · 퇴색 · 변질되는 경우도 왕왕 벌어진다.

2. 지자체 사업—시장과 군수의 노력에 의한 농공단지나 지방산업단지 조성계획이 있다. 이 역시 사업기간이 길면 불리하다. 단체장의 의지

가 변색될 수 있으니 말이다. 단체장 임기 내 깔끔하게 마무리 짓는 모습을 보여주어야 한다.

3. 민간개발—시행사가 개발한다. 3섹터 방식을 취한다. 투자자+시행사+지자체가 함께 윈-윈하여 지역개발을 위해 노력한다. 주로 리조트개발 등 관광지개발에 신경 쓴다. 꼭 필요한 사업이 아니다. 택지조성(수많은 무주택자를 위한다는 명분)보다는 사치일 수 있다는 뜻이다. 아무래도 리조트 시설을 애용하는 자들은 부자일 수밖에 없다. 일부 특권층을 위한 사업은 대다수 서민을 위한 사업보다는 사업의 보편타당성에서 볼 때 대의명분이 미미하다. 문제는 투자자금과 투자자가 부족하면 사업이 정지될 수 있다는 것이다. 지자체에서의 각종 인허가 절차도 돈(사업비)이 충분할 때 순항할 수 있는 법 아닌가. 투자자는 본등기가 아닌, 가등기를 받고 투자자금을 맡긴다. 사업기간(투자기간)을 기다린다. 화려한 수익률을 학수고대한다. 가등기의 목적을 알박기 방지용이라는 구태의연한 이유를 업체에서는 댄다.

4. 자기 개발—남(국가나 지자체, 민간)의 일인 앞 1+2+3번과 달리, 자기 개발은 내 일이다. 즉, 적극적이고 진취적으로 일을 처리할 수 있다. 타인의 간섭을 안 받는다. 내 마음껏 그림을 그릴 수 있다. 위의 1+2+3번은 내가 아닌 타인의 사업 또는 개발이라 자연스럽게 소극적일 수밖에 없다.

그러나 자기 개발(명분의 크기는 개인의 노력에 의해 만들 수 있다.

단, 목적이 확실해야 한다) 종류는 등록전환, 형질변경, 소로건설, 지목
변경 등으로 나뉜다. 등록전환은 임야도와 임야대장을 지적도와 토지대
장에 옮겨 심는 작업이다. 형질변경은 절토, 성토(복토), 정지작업(장방
형으로 포장하는 행위), 각종 포장작업을 일컫는 적극적인 개발행위이
다. 소로건설은 비법정도로, 즉 마을안길이나 농로, 이면도로 등의 개인
소유지와 같은 도로를 건설하는 작업으로 요약한다.

자기 개발을 한 마디로 표현하자면 '내 땅의 팔자 내가 직접 고치는
행위인 것' 이다.

1+2+3번＝숲(거시적+환상적+추상적)

4번＝나무(미시적+구체적)

맹점과 주의사항을 발견할 수 있다. 가까이에서 볼 수 있기 때문이다.

숲(브랜드, 거시적 개발)만 보고 나무(토지이용)는 무시한 채 들어가
면 재산권 행사에 큰 타격을 볼 확률이 높다.

1~3번: 간접 영향력 행사(남의 일이니까)

4번: 직접 영향력 행사(내 일이니까)

숲-신문자료나 뉴스 등 떠도는 소문과 불확실한 미래정보를 동반한다.

나무-토지이용계획확인서와 지적도 등의 비교적 정확한 서류를 통해 알

토란 정보(활용도, 건폐율과 용적률)를 취득한다.

땅 투자기간은 열차와 열차의 간격, 자동차와 자동차의 간격과 같다. 열차 간 간격, 자동차 간의 간격조정이 중요하다. 사고를 줄이기 위함이다. 앞 차와의 안전거리를 확보하지 않은 상태는 불안하다.

마찬가지로 투자한 기간(투자한 날짜)과 되파는 기간(되팔 날짜)이 길면 길수록 안전하다. 짧으면 짧을수록 환금화의 어려움에 부딪치기 쉽다. 차 거리가 짧을수록 속도를 많이 낼수록 충돌확률은 높아지는 것이다. 앞 차와 많이 떨어져 있다면 일단 안전하다.

땅 투자 역시 앞 차(투자시점)와의 간격(투자기간)이 촉박하면 불안하다. 투자자의 마음이 좌불안석이라 병난다.

가장 안 좋은 땅의 조건

1. 자폐증에 걸려 집단따돌림 당한 땅, 사람 접근이 힘든 땅

2. 토지에 지상물 건축이 힘든 땅

3. '거시적 개발 > 구체적인 개발' 인 상황의 땅

4. 개발지인지 미개발지인지 모르는 상황에서 가격만 비싼 땅

5. 개발이 불명확한 상황에서 가격거품이 형성된 땅

6. 군부대 협의지역의 군사시설보호구역의 땅. 곧 행정위탁지역으로 바뀔 예정이라고는 하지만 미래가 불투명하다.

7. 건폐율과 용적률의 성적표가 안 좋은 상황의 땅

8. 야생동물이나 천연기념물이 사람보다 많은 지역의 땅. '자연보호'

는 '사람보호'의 반대어다. 가장 안 좋은 땅이다.

아파트 수가 단독주택 수를 훨씬 압도하면서 벌어진 현상은 재개발, 재건축, 뉴타운이 '투자용'으로 변한 것이다. 지분값 따지는 통에 투자목적을 가진 자가 실거주 목적을 가진 자를 훨씬 압도한 형국이다. 실수요 인구도 언제 어느 때 부지불식 간에 변심할지 모를 상황이다.

3. 아파트 대신 땅으로 몰리는 이유

전원에서의 유령생활 주의

'저 푸른 초원 위에 그림 같은 집을 짓고 사랑하는 우리 님과 한 백년 살고 싶어~'

우리나라 유행가 중 백미 중의 백미로 꼽히는, 전 슈퍼스타 남진의 히트곡 가사의 초입부다. 가사를 정독하다 보면 전원생활의 향수를 맡을 수 있다. 그러나 가사를 곱씹어보면 전원에서의 유령생활 이면을 만나게 된다. 현실적으로 저 푸른 초원 위에 그림 같은 집을 지을 수 없다. 허가가 안 나온다. 입목축적도도 축적도이려니와, 가파른 경사도에 따라 지자체에서 인허가를 적극 막을 것이다. 남진 노래 가사를 시비 걸자는 측면에서 말하는 것이 아니니 오해 마시길.

설령 저 푸른 초원 위에 그림 같은 집을 짓는들 겉으로 보기엔 아름다울지 모르겠지만, 장기적으로 볼 때 여지없는 사상누각의 모습이다. 한 마디로 집을 지어봤자, 유령생활의 면면을 감추지는 못할 것이다.

전원주택 1번지로 자리 잡은 경기 양평 등지에도 저 푸른 초원 위에 그림 같은 전원주택이 많은 상황. 의외로 말이다. 양평은 31개 경기도 지자체 중 면적이 가장 넓어 미개발지(지정학적상 개발에 관한 장기 답보 상태)로 머물러야 할 곳이 너무나 많이 있기 때문이다.

양서면을 중심으로 한 서쪽지역에 비해 강원지역의 얼굴을 향한 양동면의 동쪽은 위험한 지역이 많은 형편이다. 인허가 등의 걸림돌이 많고 개발이슈가 서쪽에 비해 약하다. 양평을 보면, 마치 해가 동쪽에서 뜨고 서쪽으로 지는 모습이다. 서쪽 반대라인은 편의시설 등과 접근성이 뛰어나지 않아 노후의 전원생활을 즐기는 연만한 부부가 병원 갈 일이라도 생기면 위험한 지경까지 이를 수 있다. 한 백년은 고사하고 3년도 살기 힘들다. 현실을 무시한 전원생활은 죽은 생활이다.

남양주, 양평, 가평(31개 경기도 지자체 중 두 번째로 면적이 넓음) 등 수도권 등지에도 유령 전원주택이 상존해 있는데 하물며 지방은 오죽하겠는가. 비교적 저렴한 물건으로 물망에 오른 전원주택용 건부지에 순간적으로 혹해 덜컥 계약하는 경우도 태반이다. 그 바람에 애물단지로 남는 경우도 의외로 많이 발견된다. 전원주택에 오래도록 살겠다고 다짐했어도 되팔 때(실수요자 모색하기)를 조금은 염두에 두면 좋다. 2억에 사서 2억에 팔 거 아니지 않은가. 전원주택 부지 구입이나 전원생활도 도시와 농촌이 합일체되어 있는지, 즉 접근도와 근접도의 성적표를 유심히 살펴보아야 한다. 나 홀로 주택은 위험하다.

최근 가평의 한 전원주택에서 전원생활을 즐기던 노부부가 강도들로부터 크게 화를 입은 적이 있다. 아무리 싸다고 해도 근접도 제로의 전원주택 부지 및 전원주택은 위험하다. 되팔려 해도 되팔리지 않아 영락없는 유령주택으로, 썩은 농가주택으로 남을 것이다.

그림 같은 전원주택을 사되 크게(거시) 여러 번, 작게(미시) 수차례 수시로 관찰하고 분석한다. 일상생활에 어려움이 없어야 편한 전원주택이다. 학교, 상하수도, 도로 등 기반시설의 확충과 병원, 상가 등의 편익시설이 가시거리권에서 멀어져 있다면 무인도 생활과 크게 다르지 않다. 저 푸른 초원 위의 그림 같은 집이 아닌, 무인도 위에 누워 있는 아방궁의 모습이다. 전원생활은 야생을 느끼고자 하는 게 아니지 않은가.

전원에서의 유령생활은 비무장지대에서 철새와 함께 지내는 군인의 생활과 별반 다를 바 없다. 그만큼 오히려 자유롭지 못하다. 자율과 자유가 철저히 통제된 땅은 땅이 아니다. 지뢰밭이다.

사람보다 들짐승이 많은 전원주택은 위험하다. 뱀에 물려 목숨 잃는 경우도 생긴다. 자연은 사람, 동물, 식물, 산과 들 등이 한 데 어우러진 상태이다. 지나치게 많은 동식물, 산, 들 등의 모습은 사람을 멀리한다. 전원생활은 사람이 우선이지 들과 산이 먼저가 아니다. 삶의 기본권에 제약이 안 가는 한도 내에서 재산권 보장과 행사가 먼저다. 국립공원과 도립공원, 군립공원, 천연기념물 등도 인간의 기본 재산권을 박탈하는 큰 요인이다. 개인적인 생각이지만 사람이 먼저다. 동물보호단체 여러분께 죄송한 얘기지만.

전원생활을 단순한 그림 같은 집에서 사는 것이라는 착각에서 벗어나자. 숱하게 자연과 전쟁을 치러야 한다. 인간과의 전쟁에서 살아남기 급

급한 생활에 이골이 난 터라 자연과의 전쟁 역시 만만치 않을 것이다. 그림 같은 집을 어디다 짓느냐가 중요하다.

절 분위기의 전원생활

요즘 들어 부쩍 늘고 있는 상담이 전원주택과 전원생활에 관한 내용이다. 도시생활에 지친 현대인들은 전원생활을 꿈꾼다. 그러나 꿈과 현실은 딴판이다. 괜찮다 싶은 전원주택은 수적으로 그리 많지 않다. 특히 절(卍) 분위기를 가지고 있는 전원주택생활은 최악의 조건이다. 만에 하나 환금화가 필요할 때가 된다면 절로 용도가 바뀌어야 한다. 실수요자는 100% 스님. 접근성이 떨어진 절도, 인가가 드문 절도 애물단지 취급받는 시대이다. 접근성이 무시된 전원주택 역시 위험하기는 마찬가지. 절은 월세 등의 부동산에 관한 잡비는 안 나간다. 특별한 대우를 받는다.

이와 달리, 전원주택의 인허가 등은 절과는 다르며 건축에 관한 자금도 무시할 수 없다. 특혜와 혜택이 많은 종교용지와 달리, 전원주택용지는 혜택이 전혀 없다. 특히 접근성이 많이 떨어진 국립공원 인근의 분위기에서는 차후, 애물단지가 될 확률이 높다.

절은 명목, 대의명분만 뚜렷하다면 지역과 위치에 상관없이 건축이 가능하나, 전원주택은 제한이 따른다. 그런데도 사람들은 여전히 전원의 환상을 꾼다. 멋진 자연경관에 혹해 차후, 자연재해 맞는 경우도 부지기수. 건축물이 폭우와 태풍에 의해 일순간 날아가버리는 경우를 지난해 여름 목격하였다. 불법과 편법에 편승해 건축된 전원주택은 보상에서도 거리가 멀어 졸지에 노숙자가 될 수 있다. 요즘은 철도 접근성을 따지는 판인데 하물며 전원주택은 오죽하겠는가. 주의할 점은 전원주택은 재테크 종목이 아니라는 것이다.

아파트 투자가 한풀 꺾이면서 경기도 등 서울 외곽지대 단독주택의 인기와 만족도가 서서히 높아지고 있다. 아파트 투자가 거의 불가능해지면서 사람들은 자연으로의 회귀본능을 여지없이 드러낸다. 그만큼 인간은 자연에 순응할 수밖에 없는 지극히 나약한 동물이라는 증거. 자연과 문화와 더불어 살고픈 인간의 욕망은 누구도 막을 수 없다.

아파트 투자자가 땅으로 몰리는 이유

아파트 시장이 시큰둥해지자 많은 이들이 도시형 생활주택과 토지로 방향을 돌리고 있는 중이다. 그런데 또 도시형 생활주택의 공급과잉이 문제점으로 떠오르자, 토지로 기수를 적극 돌린다. 아파트 투자자들이 땅으로 몰리는 이유는 분명하다.

1. 여윳돈의 수위. 아파트 매입가는 만만치 않다. 서울에서 제대로 된 아파트를 매입하려면 최소 3~5억! 아니, 그 이상 든다. 대출이 꼭 필요하다. 서민 입장에선 대출 없이 아파트 매입하기란 현실적으로 불가능하다. 땅은 대출 필요 없이 투자액이 1억 내외에서 가능하다.

아파트 시장이 심상치 않다. 헤어날 기미가 안 보인다. 더욱이 아파트 전매시대가 저물고 분양권을 사고팔던 시대는 옛말이 되었다. 보유만 하더라도 떼돈을 벌 수 있었던 시절이 그립다는 복부인들이, 주부들이 애써 땅으로 기수를 돌린다. 모델하우스에서의 떴다방 모습은 온데간데없고 건설사는 습관적으로 미분양을 우려한다. 청약률 제로시대에서 경제자유구역에서도(인천광역시), 신도시에서도 미분양사태가 벌어지니 아파트 투자를 할 수 있겠는가. 준공 후 미분양사태는 계속 이어질 것이다. 부동산의 악성 종양 역할을 맡고 있다.

2. 보금자리주택 급등세. 그린벨트와 군사시설보호구역을 풀어 짓는 보금자리주택의 위용도 그다지 크지 않을 것으로 내다본다. 인천 구월동의 경우는 평(3.3m²)당 900만 원 선으로 치닫고 있지만, 미분양이 우려된다. 보금자리주택의 장점을 상실하고 있다. 보금자리주택의 특징은 인근 시세보다 훨씬 저렴하다는 것. 그러나 지금은 평균 평당가가 1,000만 원을 상회하고 있어 투자를 희망하던 사람들도 잇따라 포기하고 있다.

3. 토지거래허가구역 35% 해제. 매매에 장애요소가 되었던 규제가 해제되면서 주춤거리던 땅 거래량이 늘고 있다.

4. 땅으로 단기간 성공한 뉴스(기사). 언론에서는 땅 투자를 부추긴다. 춘천은 경춘선 개통으로 아파트와 땅이 동시에 오른 전국 유일의 곳이 되었다. 드라마 각본과도 같은 이야기가 언론을 통해 뿜어져 나오자 묻지 마 행렬에 끼는 자도 발생되고 있다.

회사원 김창선(44) 씨는 아파트 마니아였다. 하지만 시대가 시대인지라 최근 「헤럴드경제신문」 기사(2010. 12. 23)를 읽고 땅에 큰 관심을 보이고 있다. 신문 기사 내용은 드라마와 같았다.

'1억짜리 땅이 석 달 만에 10억 대박! 그 비결은?'

대박의 맛을 본 자는 운이 참 좋았다. 대운이 따른 경우다. 자신의 땅이 이천 도시관리계획 결정 고시문에 특정개발진흥지구로 포함되면서 10배가 뛴 것이다.

김 씨는 초단기 투자의 성격을 보인 곳에 대해 집중적으로 알아보고자 이천 부발역을 현장답사하기 시작했다. 그러나 가격이 만만치 않을뿐더러 개인적으로 땅 잡기가 만만치 않았다. 트리플 역세권 내 자연녹지의 경우 평당 250만 원! 상업지로의 용도변환을 크게 기대하면서 매입을 계획 중이다. 이천시에서 '70평 미만은 개별등기가 도저히 불가능하다'는 소리를 듣고 김 씨는 지인 3명과 직장의 임원들과 상의 중이다. 지분 형식으로 들어가면 위험은 조금 따르지만, 수도권 마지막 트리플 역세권이라는 판단이 서면서 큰 고민에 빠진 상태이다.

부동산의 일희일비 현상

부동산의 작용 반작용의 현상들은 지금 이 시간에도 만들어지고 있다.

가격과 정비례	가격과 반비례
젊은층, 경제활동인구	노인, 비경제활동인구
고정인구–신도시에서 발생되는 인구 등	유동인구–관광인구, 통행인구 등
근로자 수가 많은 경우	기계화로 인해 근로자 수가 적은 경우
대학교	장애인 학교나 초중등학교. 초등학교의 경우, 어린이 보호구역으로 모텔, 유흥업 관련 시설 유입이 금지된다. 미성년자를 위한 건축규제 심화
고속도로, 국도 등 차량 왕래가 많은 도로. 일반도로의 경우, 사람 통행이 많다.	유령도로–지자체에서 남아도는 예산을 사용해 궁여지책으로 만든 도로. 국제행사 등을 위해 만드는 경우도 있다. 일시적 관광도로
산업단지 공사차량(레미콘), 고속버스, 승용차가 많이 다니는 도로	장갑차가 많이 다니는 도로 예 철원 등 군사시설보호구역
대단위 단지 혹은 단지형 전원주택	비어있거나 점조직화가 되어 있는 나 홀로 전원주택
동물원. 관광인구 유입의 효과가 있고 놀이문화 시설도 함께 들어올 가능성이 높다. 예 서울랜드	야생동물
공실률 0% 건물	공실률 높은 건물, 미분양 아파트
대기업 공장 수	부도 직전의 중소기업이나 소기업 등의 공장 수

가치와 가격은 정비례하지 않는 경우도 있지만 반대의 경우도 많다. 가치는 활용도, 즉 활용의 수치를 의미한다.

노력 없이 투자가 이루어진다면 그것은 '묻지 마 투자' 이다. 투자자의 피나는 노력 없이 투자를 한다면 결과는 불 보듯 뻔하다. 알아야 면장 하는 법이다. 부동산 주인이 되는 방법은 기업체 오너가 되는 방법과 별반 다르지 않다. 의무와 책임감이 뒤따른다.

세상이 많이 좋아졌다. 기획부동산이 영업하기 힘든 세상이다. 첨단 과학의 발달로 주먹구구식으로 적당히 속여 영업하는 시대가 아니다. 과거, 기획부동산은 남의 땅을 팔아먹고 줄행랑을 치곤 했다. 피해자는 몇 년이 지나서야 사실 여부를 판단할 수 있었다. 그 대가는 생각보다 크다.

지금은 봉이 김선달 식의 영업으로 사기를 칠 수 없게 되었다. 그런 가운데서도 첨단이기를 이용, 활용 못하는 분이 계셔 안타깝다. 우선 매입하고자 하는 땅의 정확한 위치를 파악하려면 내비게이션을 이용하면 된다. 성능이 탁월한 고성능 다용도 내비게이션에 지번을 입력한 후 운전대를 잡아라. 절망적인 맹지가 아니라면 내가 가고자 하는 목적지에 정확히 안착시켜 줄 것이다.

상담을 하다 보면 싼 땅만 고집하는 사람이 있다. 가격만 따지고 개발은 뒷전인 경우다. 이러한 경우에는 지주와 직접 내응을 하든, 이장을 만나든, 선조 땅을 가진 분을 만나 내응하는 편이 좋다. 선조 땅은 매입가의 취득가가 없어 원가가 없다. 정실주의에 입각해 지주에게 잘만 협상한다면 파격가로 땅 주인 될 수 있다.

부동산 성공률을 높이는 방법 좀 알려달라는 질문을 받는다. 정확한 답은 없는 상황 아닌가. 갈수록 어려워지는 부동산 투자이다.

부동산 성공률＝음반 인기가수가 될 확률

가수 데뷔자 중 스타가 몇 %일까? 0.00001 정도 될 것이다. 부동산으로 부자될 확률이 이 정도는 아니겠지만 크게 다르지 않다. 내 부동산을 광고하지 못한다면, 죽은 음반과 별반 다르지 않다. 부자가 부동산 부자가 될 수밖에 없는 이유는 돈으로 광고활동을 활발하게 하기 때문이다. 개발하면서 홍보효과를 톡톡히 본다. 돈으로 벼슬 사는 세상이다. 위정자가 지주로 있는 경우, 더더욱 싱싱 달린다. 상승 동력의 화력은 강력하다. 알아야 면장 하는 세상이다. 부동산의 비하인드 스토리 하나 정도는 알아둘 만하다. 알아야 훈장 한다.

올해 안에 내 땅이 있는 경기 광주의 도척면 면장님과 만나야 할 것 같다. 내 땅 궁평리 이장이 이번에 새롭게 선출되어 술 한잔하기로 약속을 하였다. 동네 면장과 이장을 내 땅 관련자라고 여겨라.

땅 요리하기

땅 구입은 지주로부터 직접 구입하는 게 현명하나, 그건 대부분의 초보자들에겐 무리한 주문이다. 그렇기 때문에 땅 공부는 필수! 컨설턴트가 할 일과 내가 할 일을 잘 구분해야 한다.

컨설턴트를 통해 고기(땅)를 잡았다면, 요리(개발 등의 업그레이드 작업)는 내가 직접 한다. 컨설턴트가 해주기는 어렵다. 컨설턴트는 일단 팔면 그만이라고 생각한다. 다만, 컨설턴트로부터 공법 등을 설명 듣는다. 하지만 그저 참고사항으로만 듣고 공무원에게 컨설팅 받는 쪽이 100% 현명하다.

땅 잡아주는 자는 컨설턴트요, 그 땅을 요리하는 자는 자신이다. 요리에 관한 조언은 공무원으로부터 듣는다.

요리＝전용작업

요리방법은 컨설턴트에게 자세히 묻지 말고 지자체 토지이용 담당공무원에게 자세히 묻고 듣는다. 세금문제 또한 지자체 세무과 공무원을 귀찮게 하라. 그들은 100% 정확한 '법(약속)' 만 민원인에게 알려준다. 그들은 모른다는 대답을 결코 하지 않는다.

4. 멀티플레이어형 토지가 마력적이다

땅의 겉과 안

사람에게 드러나는 피부와 드러나지 않는 피가 존재하는 것처럼 땅
또한 마찬가지다. 땅의 피 상태는 서류상에 나타난다. 땅의 피부는 지표
면으로, 현장을 나타낸다. 땅은 '피+땀' 으로 혼합된 재화이어야 한다.
땅 투기의 오해에서 벗어나기 위해선 피(서류상 토지이용도)와 땀(노력-
공법을 잘 활용한다. 부동산 법은 악용하라고 만든 것이 아닌, 잘 활용하
라는 취지로 만든 것이다)을 꼭 필요로 한다. 땅의 뽀얀 피부에 혹하게
되면 안 된다는 사실을 모두 잘 알고 있을 것이다. 하지만 땅의 경치, 피
부만 보고 들어가 문화재를 보고 투자하는 어리석은 사람도 있다. '보기
좋은 떡이 먹기도 좋다' 는 속담이 있지만 땅은 예외도 있다. 보기 좋은
문화재에 크게 혼쭐 날 수도 있다. 나도 모르게 문화재를 훼손해 형사처
벌을 받을 수도 있다.

피(재산권행사)가 부족해 수혈을 요하는 곳도 있다. 깨끗한 피부에 비해 개발(주민재산권)은 꽉 막힌 혈관 모습! 긴급 수혈을 요하는 곳이다. 구체적인 설득력과 이유가 없는 상황에서 박정희 대통령 집권기인 1970년초부터 현재에 이르기까지 그린벨트로 장기간 묶어놓은 곳에 수혈을 가해야 한다. 이곳 주민들의 원성은 일관되어 있다. 주택 보수조차 자유롭지 못하다는 것이다.

'땅과 물이 맑을수록 고기가 없다' 는 속담은 일맥상통하는 면이 있다. 물이 맑을수록 위험지대일 확률이 높다. 토지이용을 안 했기 때문에, 못했기 때문에 물이 맑을 수밖에 없는 것이다. 활용도가 낮을수록 환경의 가치는 덩달아 낮아지는 것이다. 인적이 드문 지대이기 때문에 물이 깨끗할 수밖에 없다. 천연기념물이 많은 곳, 국립공원 지대일수록 토지이용은 백지와 같다. 이를테면, 민통선 철새도래지는 인간보다 동물이 훨씬 많아 사람 접근을 법으로 막고 있는 곳이다.

나이별 땅 구입 목적

나이에 따라 땅 구입 목적은 달라진다. 20~40대는 100% 투자목적이어야 하고(한창 목돈 만드는 과정이어야 하니까), 50대 후반 이상의 분들은 100% 실수요(임대용), 실거주(자신이 이용) 목적이 되어야 한다. 젊은 층에서 실수요가 버거운 이유는 개발비용 때문이다. 땅 사기도 버거운데 개발비용까지 어떻게 감수하겠는가. 50대 후반 이상의 경우는 매입의 모습이 정상적인 모양새이나, 간혹 투자가 목적이라면 자손의 유산용으로 전용되어야 한다. 땅 투자는 장기간으로 보아야 하기 때문이다.

20대 등 젊은층은 잠재력이 큰 나이대인 만큼 잠재력이 큰 지역의 땅을 선점하는 편이 낫다. 전남이나 강원지역에 잠재력이 크고 싼 땅 많다. 50대 후반 이상의 분들은 수도권에 투자해야 한다. 나이 차이만큼이나 구매 목적 차이는 크다. 올해 88세 되었지만 나이에 비해 젊어 보이는 할머니에게 접근한 한 업자를 보았다.

"지금은 100세까지 사는 세상입니다. 좋은 땅 하나 잡으세요."

88세 노인에게 투자 운운하는 것은 사기 버금가는 행위다. 젊은층과 노인층이 함께 공영·공유, 즉 공생공존하는 길은 하나이다. 젊은층에서 땅을 투자하면, 장년층 이상에서 땅을 활용하여 실수요(건축행위 등) 목적으로 움직여야 한다. 악어(젊은 투자자)와 악어새(연만한 매입자) 관계를 지켜보라. 투자행위는 소극적인 행위이나, 실수요 목적의 매입행위는 적극적인 행동이다.

섬 투자 시의 유의사항

개그맨 故 김형곤 씨의 친동생이 섬 하나를 구입한다는 뉴스가 큰 화젯거리가 되었던 적이 있었다. 그 통에 무인도에 사람들이 들어가기 시작하고 유인도에 투자자들이 몰리는 기현상도 보인 바 있다. 육지에 투자할 곳이 많은데 굳이 왜 섬에 투자를 하느냐는 말이 나올 수도 있지만,

섬도 섬 나름대로의 매력을 가지고 있다. 투자는 '개척' 이니 말이다.

섬에 투자를 한다는 말은 최소의 비용으로 최대의 효과를 보겠다는 계획이다. 그렇다고 무조건 싼 땅만 잡는다고 해답이 나오지는 않는다. 부동산의 특징인 연계, 연결성이 중요하다. 다리, 중개 역할이 아주 중요하다. 그 다리에는 연륙교(육지와 섬을 이어주는 다리)와 연도교(섬과 섬을 이어주는 다리)가 상존한다. 다리도 다리 나름이다. 연도교보다 연륙교가 가치 있다. 차량의 통행량이나 활용도 면에서 연륙교가 연도교보다 훨씬 앞설 수밖에 없기 때문이다. 연륙교는 부동산의 연결성이 크지만 연도교는 상대적으로 편협하고 협소할 수밖에 없다.

거가대교, 영종대교, 인천대교(인천국제공항이 있는 영종도와 인천경제자유구역인 송도신도시를 연결하는 다리), 영흥대교(인천광역시 옹진군 영흥면 영흥도와 선재도를 잇는 다리) 등은 경제 인구(혹은 산업인구)를 이동시켜 첨병 역할을 단단히 하는 연륙교의 대표적 다리이다. 그만큼 단순한 섬과 섬을 연결해주는 연도교와는 차원부터가 다르다.

단, 위의 다리 인근에 투자를 하면서 거품가격에 희생당하는 사례가 있으니 주의하자. 특히 영흥대교 인근은 기획부동산들이 살인적인 폭리를 취한 곳이기도 하다. 2007년 즈음, 평당 50~60만 원에 팔아먹은 기획부동산 업자들이 발견되었다. 인천대교 등 화려한 다리의 외양에 푹 빠지면 연도교 생기는 곳에도 빠질 수 있다. 연륙교와 연도교는 차이가 많으니 투자처로서는 연륙교 인근이 좋겠다. 단, 거품가격에 주의해야 한다.

섬은 육지보다 비쌀 수 없다. 운임료 등의 문제는 개발이 되고 나서의 문제이다. 섬 특별법도 주의하라. 투자 전에 시·군청에 가 토지의 건폐율 등 토지활용범위를 알아본다.

연륙교─투자처(연륙교는 단순 이동수단 이상의 물류 교통수단으로 활용
되어 경제적 가치가 크다.)

연도교─실수요 목적(단순한 이동 수단 역할만 담당한다. 현지주민의 이동
수단일 뿐이다.)

부록

공법 및
용어 정리

1. 농지 소유 상한

① 상속 농지의 경우, 농사를 짓지 않는 자는 그 상속 농지 중에서 총 1만㎡까지만 소유 가능.

② 주말, 체험 영농하려는 자는 총 1,000㎡ 미만(세대원 전부가 소유하는 총면적)의 농지를 소유할 수 있다.

2. 농지의 위탁경영⇒소유 농지를 위탁경영할 수 없는 경우

① 징집 혹은 소집된 경우

② 3개월 이상 국외여행 중인 경우

3. 농지의 보전

① 시, 도지사는 농지를 효율적으로 이용하고 보전하기 위해 농업진흥지역을 지정할 수 있다.

농업진흥구역-농지조성사업, 농업기반정비사업이 시행되었거나 시행 중인 지역. 농업용으로 이용하고 있거나 이용할 토지가 집단화되어 있는 지역.
농업보호구역-농업진흥구역의 용수원 확보 등 농업환경을 보호하기 위한 지역.

4. 농업진흥지역의 지정 대상물-녹지지역, 관리지역, 농림지역, 자연환경보전지역. 단, 특별시의 녹지지역은 제외된다.

5. 전용허가 취소사항–거짓 신고, 허가 목적위반, 사업규모 변경한 경우, 허가 후 1년 이상 공사가 중단된 경우, 농지보전부담금을 납부하지 않은 경우.

1. 도시관리계획

① 용도지역, 용도지구의 지정 및 변경에 관한 계획

② 개발제한구역, 시가화조정구역 등의 지정 및 변경에 관한 계획

③ 지구단위계획구역의 지정 및 변경에 관한 계획

2. 도시기본계획

특별시장, 광역시장, 시장, 군수는 지역여건상 필요하다고 인정될 때는 인접한 특별시, 광역시, 시, 군의 관할 구역의 전부 또는 일부를 도시기본계획에 놓을 수 있다.

① 토지의 이용, 개발에 관한 사항

② 기반시설에 관한 사항

③ 경관에 관한 사항

3. 개발행위의 허가

① 토지의 형질변경(경작 목적은 제외되어짐)

② 토석 채취

③ 토지분할(단, 건축물이 포함되어 있는 대지는 제외)

1. 토지수용위원회

국토해양부에 중앙토지수용위원회를, 특별시, 광역시, 도, 특별자치도에 지방토지수용위원회를 둔다.

2. 기타 토지 보상

사업시행자는 잔여지를 포함한 보상 토지 외에 통로, 도랑, 담장 등의 신설, 그 밖의 공사가 필요한 때에는 그 비용을 보상해야 한다. 단, 해당 토지에 대한 공사비용이 그 토지의 가격보다 큰 경우는 사업시행자가 그 토지를 매수할 수 있다.

3. 이의신청

이의 있는 자는 지방토지수용위원회를 거쳐 중앙토지수용위원회에 이의 신청이 가능하다.

【산지관리법】

1. 산지 구분 타당성 조사 – 산림청장은 10년마다 전국의 산지에 대해 산지의 구분이 타당한지 조사, 실시해야 한다. 산지구분 타당성 조사방법, 기준, 절차 등에 관한 필요사항은 농림수산식품부령으로 정한다.

2. 산지전용이 불가능한 경우
① 군사시설 설치

② 도로, 철도 등 대통령령이 정한 공용시설의 설치

③ 임업시험연구를 위한 시설의 설치

④ 문화재 시설물의 설치

3. 산지의 지목변경 제한

① 임산물의 생산시설

② 임업시험연구를 위한 시설

③ 농림어업인의 주택 및 부대시설

4. 토석채취 – 산지에서 토석을 채취하고자 하는 자는 대통령령에 따라 산림청장에게 토석채취허가를 받아야 한다.

【택지개발촉진법】

택지조성원가의 공개

구성요건

① 용지비 ② 조성비 ③ 직접 인건비 ④ 이주 대책비 ⑤ 판매비 ⑥ 일반 관리비

이밖에 국토해양부령이 정하는 비용.

개발 사업을 시행하기 위한 사업지구 안에서 개발 사업에 지장을 초래할 수 있다면 행위 제한을 둔다.

① 건축물의 건축

② 공작물의 설치

③ 토지의 형질변경

④ 토석의 채취

⑤ 토지분할

1기 신도시 분당(성남시), 일산(고양시), 중동(부천시), 평촌(안양시), 산본(군포시)

2기 신도시 판교, 화성, 천안, 아산신도시

3기 신도시 송파, 검단, 파주

갱지 나지(裸地)의 일종. 토지이용에 지장을 주는 시설물이 없는 토지. 사법상 제한이 없는 토지이다.

건부지 건축물 용도로 쓰이는 토지

건폐율 대지면적에 대한 건축면적 비율

공실률 전체 건물에 포함된 방수를 기준으로 비어 있는 방수 비율

공유면적 구분소유건물 중 공용부문의 면적

공한지(空閑地) 토지이용이 가능하나, 이용되고 있지 않은 토지

관광특구 관광활동과 관련된 관계법령의 적용이 배제되거나 완화되는 지역. 관광진흥법에 의해 지정됨.

나대지 지상에 건축물 등이 전혀 없는 상태의 대지. 나지의 범위에 속함.

나지 토지의 사용과 수익을 제한하는 사법상의 권리가 설정되지 않은 토지. 농지이지만 경작하지 않는 공지

농지전용부담금 농림부장관이 농지법에 의해 농지조성비를 납입해야 하는 자에 대해 부과, 징수하는 금액

농지전용허가 농지를 전용하고자 하는 자는 농지 소재지 관할 농지관리위원회 확인을 거쳐 농림부장관의 허가를 받아야 한다. 농지개발을 위한 일련의 절차이다.

농지취득자격증명 농지를 취득하는 자가 그 소유권에 관한 등기를 신청할 때에 첨부하여야 할 서류

대지면적 대지의 수평투영면적

대체농지조성비 농지개발 시, 농지전용허가를 위해 쓰이는 조성 금액

대체조림비 산지전용허가를 위해 쓰이는 대체산림자원조성비로 임야개발 시 필요하다.

도시지역 인구와 산업이 밀집되어 있거나 밀집이 예상되어, 체계적인 개발이 필요한 지역

등록전환 임야대장, 임야도에 등록된 토지를 토지대장, 지적도에 옮겨 등록하는 것(지적법에 의해)

맹지 토지 주위가 모두 다른 토지로 둘러싸여 도로에 접한 부분이 전혀 없는 토지

법정지상권 동일인이 소유한 토지와 건물 중 어느 한쪽이 매매 등의 원인으로 인해 그 소유자를 각기 달리하게 될 경우, 건물 철거 등에 대한 특약사항이 없는 한 건물소유자가 취득하게 되는 지상권

베드타운 도시에서 직장을 갖지 않고 도시의 취업인구의 대부분이 다른 도시에 있는 직장으로 출근해, 야간에 잠만 자기 위해 돌아오는 행태의 도시

부재지주 자신의 소유 토지나 소유 토지의 인근에 거주하고 있지 않은 토지

부지 도로나 하천, 건축물 등이 차지하는 토지. 구획된 일단의 획지

분묘기지권 분묘를 필요한 범위 내에서 타인의 토지를 사용할 수 있는 권리를 의미하는 것으로서 타인의 토지에 합법적으로 분묘를 설치한 자는 관습법상 그 토지 위에 지상권을 취득한다. 분묘기지권은 분묘 그 자체가 공시의 기능을 하고 있기 때문에 등기는 필요 없다.

사회간접자본 도로, 항만, 철도, 상하수도, 공원 등 산업발전의 기반이 되는 공공시설

산지전용허가 보전산지를 전용하고자 하는 자는 그 용도를 정해 산림청장의 허가를 받아야 한다. 산지개발을 위한 관문이다.

생산녹지 농업생산을 위해 사용되는 토지

생태계보존지구 문화재 등 보존가치가 큰 지역의 보호와 보존을 위해 필요한 보존지구

성장관리지역 과밀억제권역으로부터 이전하는 인구 및 산업을 계획적으로 유치하고 산업의 입지와 도시의 개발을 적정하게 관리할 필요가 있는 지역

수도권매립지 인천광역시 서구 검단동, 경기 김포시 양촌면에 위치하고 있는 광역폐기물처리시설

수변구역 환경부장관이 지정, 고시한다. 폐수배출시설을 새로이 설치하는 것을 제한한다.

예 팔당호, 남한강, 북한강, 경안천

수질보전특별대책지역 환경부장관이 지정, 고시하는 지역으로 특별종합대책을 수립해, 시 · 도지사에게 이를 시행하게 할 수 있다. 특별대책지역 내의 환경개선을 위해 필요하다면 대통령령에 의거해, 지역 내에서 토지이용제한 가능

양입지(量入地) 주된 지목의 토지에 편입되어 1필지로 획정되는 종(從)된 토지로서 소유자와 용도가 동일하고 지반이 연속되어 있다.

㈜ 주된 용도의 토지의 편의를 위해 설치된 도로, 구거 등이 있는 토지

연면적 하나의 건축물의 각층의 바닥면적의 합계. 용적률 산정 시, 지하층 면적과 지상층의 주차용으로 사용되는 면적은 제외

예고등기 소의 제기가 있었다는 사실을 공시함으로써 제3자에게 경고를 준다는 사실상의 효과만 가질 뿐, 물권변동의 효력발생과는 무관한 특수한 등기

완충지역 생태계보전지역에 인접한 지역. 자연적 또는 인위적 훼손이 생태계보전지역에 미치는 환경상의 영향을 완화시키기 위해 (환경부장관이) 지정하는 지역

용도구역 도시계획으로 정한 개발제한구역이나 시가화조정구역 등을 총칭하는 의미로 상용

용도지구 도시계획으로 정한 경관지구, 미관지구, 고도지구, 보존지구, 시설보호지구, 개발촉진지구 등을 총칭해 상용

용도지역 도시계획으로 정한 주거지역, 상업지역, 공업지역, 녹지지역 등을 총칭해 상용

용적률 대지면적에 대한 연면적(건물연건평)의 비율. 지하는 제외된다. 건물에 의한 토지이용도를 나타내는 척도

유지 물이 고이거나 저장하는 토지. 지적법상 '유' 로 표기

㈜ 댐, 저수지, 호수, 양어장 등

자연보전권역 한강수계, 녹지 등 자연환경의 보전이 필요한 지역. 택지, 공업용지 등의 조성을 목적으로 하는 대통령령이 정하는 종류 및 규모 이상의 개발사업 등에 관해 행위나 이의 허가 등을 해서는 안 된다.

잡종지 갈대밭, 물건을 쌓아 두는 곳, 돌을 캐내는 곳, 흙을 파내는 곳, 야외시장, 비행장, 공동우물, 도축장, 자동차운전학원 등의 부지와 다른 지목에 속하지 아니하는 토지의 지목

저지 나지의 일종. 해당 토지에 저당권, 지상권 등 사법상의 제한이 있는 토지

전용면적 아파트 등 공동주택에서 구분소유권자가 독자적으로 사용할 수 있는 건축물의 전유부분의 면적

전용부담금 용도변경에 대한 지불액 및 사용액

절대임야 산지의 영구화를 목적으로 지정된 임야. 경사도가 15 이상이고, 30% 이상 나무가 들어서 있다.

접경지역 민간인통제선(민통선) 이남의 시 · 군의 관할구역에 속하는 지역

접도구역 도로법상 용어. 도로 훼손을 방지하기 위해 도로경계선으로부터 20m 초과하지 않는 범위 내에서 접도구역을 지정할 수 있다. 접도구역이 지정되면 구역 내에서 토지 형질변경에 제한을 받는다.

정방형 토지 표준지공시지가 산정을 위한 조사 시, 토지형상을 표현하는 용어. 정사각형 모양의 토지이다.

제1종 지구단위계획 토지이용을 구체화하고, 도시와 농 · 산 · 어촌의 기능을 증진하기 위해 수립하는 계획

제2종 지구단위계획 계획관리지역과 개발진흥지구를 체계적으로 개발하기 위해 수립하는 계획으로, 건폐율과 용적률이 완화된다.

주택단지 주택건설촉진법에 의거, 사업계획의 승인을 얻어 주택 및 부대시설을 건설하거나 설치하는 일단의 토지

준주거지역 주거기능을 위주로 이를 지원하는 일부 상업, 업무기능을 보완키 위해 필요한 지역. 준주거지역에서의 건폐율은 70% 이하의 범위 안에서 도시계획조례가 정하는 비율을 초과하면 안 된다. 준주거지역의 용적률은 200% 이상 700% 이하이다.

중심상업지역 도심, 부도심의 업무와 상업기능의 확충을 위해 필요한 지역으로, 건폐율

은 90% 이하이다. 용적률은 400% 이상 1,500 이하

중심업무지구 대도시의 도심 중 고급전문상점, 백화점, 금융 등의 중추관리기능들이 집

중한 지역

㉠ 서울 종로, 중구 일대(상주인구가 적어 도시의 공동화 우려)

지번 토지의 고정성과 개별성 확보를 위해 토지에 붙이는 번호

지반 지각 중 건물이나 공작물의 기초를 두는 토지 부분

지장정착물 토지 위에 들어서 있는 지상권을 가진 건축물 등을 총칭해 쓰이는 말

지적공부 토지대장과 지적도, 임야대장, 임야도 등 행정자치부령이 정한 바에 의해 작성

된 대장 및 도면

지적도 지적공부의 일종. 필지별 소재, 경계, 지목, 면적 등을 도형으로 표시한 것. 토지

대장에 등록된 토지에 대해 작성된 도면. 토지대장의 부도(付圖)이다.

지적법 효율적인 토지 관리와 소유권 보호에 기여함을 목적으로 제정된 법률

지형도 토지의 행태 등을 일정한 축척과 도식으로 그린 지도. 이를 위한 작업이 지형측

량이다.

진입도로 기간도로부터 대상 부동산의 출입구에 이르는 도로

집단취락지구 녹지지역, 개발제한구역 안의 취락을 정비하기 위한 취락지구 중 개발제

한구역 안의 취락을 정비하기 위해 필요한 지구

택지 주거, 상업, 공업용지 등의 용도로 이용되고 있거나 이용을 목적으로 조성된 토지

택지개발예정지구 도시계획법에 의한 도시계획구역과 그 주변지역 중 택지개발촉진법

에 의해 건설교통부장관(현 국토부)이 지정, 고시하는 지구

토지거래허가 토지의 투기적 거래를 방지하기 위해 지정. 관찰 시장, 군수, 구청장의 허

가 없이 거래 못함.

토지구획정리사업 도시계획을 시행할 때, 공공시설 정비개선이나 택지 이용률을 높이기 위한 토지의 구획이나 형질변경, 공공시설의 신설 등에 관한 사업이다.

토지대장 지적대장이라고도 부른다. 토지의 소재지, 지번, 지목, 소유자의 주소, 성명 등을 적어 시청, 군청에 비치해 두는 장부

토지이동 토지의 형질변경 등의 공사가 준공된 때 일어나는 현상. 전용 과정에서 발생된다.

특정개발진흥지구 국토의 계획 및 이용에 관한 법률에 의한 개발진흥지구 중 주거, 공업, 유통물류, 관광휴양기능 외의 기능을 중심으로 특정한 목적을 위해 개발 및 정비를 할 필요가 있는 지구로, 역세권 개발 등을 위해 주로 지정된다.

필지 하나의 지번이 붙는 토지의 등록단위

한계농지 농지법에 의한 농업진흥지역 밖의 농지 중에서 영농조건이 불리하여 생산성이 낮은 농지

합병 지적공부에 등록된 2필지 이상을 1필지로 합하여 등록(지적법에 의해)

형질변경 절토, 성토, 정지 등으로 토지의 형상을 변경하는 행위

환지 공용환지(公用換地). 토지의 이용가치를 증진시키기 위해 정한 지역 안에서 토지의 소유권 기타의 권리를 강제적으로 교환, 분합하는 것. 토지정리, 구획정리라고도 한다.

획지 하나의 건축물 또는 용도상 불가분의 관계에 있는 둘 이상의 건축물이 있는 일단의 토지

강남부자의
땅 투자법

초판 1쇄 펴낸날 | 2011년 8월 15일

지은이 | 김현기
펴낸이 | 이금석
기획·편집 | 박수진
디자인 | 박은정
마케팅 | 곽순식, 김선곤
물류지원 | 현란
펴낸곳 | 도서출판 무한
등록일 | 1993년 4월 2일
등록번호 | 제3-468호
주소 | 서울 마포구 서교동 469-19
전화 | 02)322-6144
팩스 | 02)325-6143
홈페이지 | www.muhan-book.co.kr
e-mail | muhanbook7@naver.com

가격 13,000원
ISBN 978-89-5601-285-8 (13320)

잘못된 책은 교환해 드립니다.